Les pays de France

Les monts du Beaujolais et du Lyonnais ... à pied®

35 promenades et randonnées
Le sentier GR® 7
Le sentier GR® de Pays *Tour des Monts du Lyonnais*
La liaison Mâcon GR® 7

CONSEIL GENERAL LOIRE EN RHÔNE-ALPES

FFRandonnée
www.ffrandonnee.fr
association reconnue d'utilité publique
64, rue du Dessous-des-Berges
75013 PARIS

SOMMAIRE

Ferme aux alentours de Vaugneray. *Photo B.P.*

LES MONTS DU BEAUJOLAIS ET DU LYONNAIS À PIED®

LES SENTIERS DE PROMENADES ET RANDONNÉES

N° et Nom du circuit		durée	page
1	Circuit de la Roche	4 h	23
2	Circuit des Aillets	2 h	25
3	Circuit des Planètes	3 h 15	27
4	La cité médiévale de Charlieu	1 h	29
5	Le sentier des Airelles	2 h	31
6	Circuit des Viaducs	3 h 45	33
7	Circuit des Douglas	2 h 20	35
8	Circuit du Chevreuil	4 h 30	37
9	Circuit des Cadoles	4 h	39
10	Circuit des trois trèfles	4 h 30	41
11	Le lac des Sapins	3 h	43
12	Les Trois Vallons	5 h	45
13	Circuit de la Sainte-Anne	3 h	47
14	La forêt du Thivard	3 h	49
15	Boucle de Notre-Dame-de-la-Roche	4 h	51
16	Circuit de Valorges	4 h	53
17	Circuit de Saint-Marcel-l'Eclairé	2 h 20	55
18	Balade à Ronzière	3 h	57
19	Circuit de la Truche	3 h	59
20	Boucle du Carrat	2 h 20	61
21	Le Panorama	4 h	63
22	Circuit des Grand-Maisons	3 h	65
23	Circuit du Fay	3 h 15	67
24	La Toranche	5 h	69
25	Circuit de Montromant	3 h 15	71
26	Circuit du Mai	3 h	73
27	Circuit de Py-Froid	2 h	75
28	Balade de la roche Mathiole	2 h 20	77
29	La chapelle de la Peur	1 h 40	79
30	La rose de Saint-Galmier	1 h 30	81
31	Sentier Pomme Germaine	3 h	83
32	Circuit Sabot bleu	1 h 40	85
33	Sentier du moulin des Gouttes	2 h 20	87
34	Par Nuzy	2 h 40	89
35	La Boucle du Chevreuil	4 h 30	91

CLASSEMENT DES RANDONNÉES

Très facile — Facile — Moyen — Difficile

LES SENTIERS DE GRANDE RANDONNÉE®

Nom du circuit	page
Le sentier GR® 7	101
Le sentier GR® de Pays *Tour des Monts du Lyonnais*	131
La liaison Mâcon - GR® 7	149

3e édition : mai 2007
©Fédération française de la randonnée pédestre - ISBN 978-2-7514-0157-2
© IGN 2007 (fond de cartes)
Dépôt légal : mai 2007
Compogravure : MCP, Orléans
Achevé d'imprimé en France sur les presses de Corlet, Condé-sur-Noireau - N° 104262

DÉCOUVRIR LES MONTS DU BEAUJOLAIS ET DU LYONNAIS — p 7

LES SENTIERS DE PROMENADES ET RANDONNÉES

INFOS PRATIQUES — p 12

- Choisir sa randonnée. Quand randonner ? Se rendre sur place........ p 12-13
- Où manger et dormir dans la région........ p 14
- Comment utiliser le guide ?........ p 16-17
- Des astuces pour une bonne rando........ p 18
- Où s'adresser........ p 21

LES ITINÉRAIRES — p 22

p 23 Circuit de la Roche
p 25 Circuit des Aillets
p 27 Circuit des Planètes
p 29 La cité médiévale de Charlieu
p 31 Le sentier des Airelles
p 33 Circuit des Viaducs
p 35 Circuit des Douglas
p 37 Circuit du Chevreuil
p 39 Circuit des Cadoles
p 41 Circuit des trois trèfles
p 43 Le lac des Sapins
p 45 Les Trois Vallons
p 47 Circuit de la Sainte-Anne
p 49 La forêt du Thivard
p 51 Boucle de Notre-Dame-de-la-Roche
p 53 Circuit de Valorges
p 55 Circuit de Saint-Marcel-l'Eclairé
p 57 Balade à Ronzière
p 59 Circuit de la Truche
p 61 Boucle du Carrat
p 63 Le Panorama
p 65 Circuit des Grand-Maisons
p 67 Circuit du Fay
p 69 La Toranche
p 71 Circuit de Montromant
p 73 Circuit du Mai
p 75 Circuit de Py-Froid
p 77 Balade de la roche Mathiole
p 79 La chapelle de la Peur
p 81 La rose de Saint-Galmier
p 83 Sentier Pomme Germaine
p 85 Circuit Sabot bleu
p 87 Sentier du moulin des Gouttes
p 89 Par Nuzy
p 91 La Boucle du Chevreuil

LES SENTIERS DE GRANDE RANDONNÉE

INFOS PRATIQUES — p 92-99
LE SENTIER GR® 7 — P 100-129
LE SENTIER GRP® TOUR DES MONTS DU LYONNAIS — P 130-147
LA LIAISON MÂCON - GR® 7 — P 148-153

BIBLIOGRAPHIE — p 157

INDEX DES NOMS DE LIEUX — p 160

Découvrir les monts du Beaujolais et du Lyonnais

Epilobe. *Dessin N.L.*

Roche de Solutré. *Photo CDRP69*

En Rhône-Alpes, aux marges de la Bourgogne, ce pays est une succession de croupes, vert « sapin » dans les monts du Beaujolais, vert « prairie » dans les monts du Lyonnais. Dans l'axe du Morvan, cette bordure du Massif central constitue la ligne de partage des eaux Atlantique-Méditerranée. Elle butte au Sud sur les crêts aigus du Pilat, séparés par l'industrieuse vallée du Gier. Elle est entaillée par des vallées qui courent : à l'Est vers le bassin de la Saône et du Rhône, à l'Ouest vers les plaines de la Loire.

Le vignoble mâconnais

Le sentier GR® 76 D traverse dans le département de Saône-et-Loire, sur un parcours de 10 km entre la gare de Mâcon-Loché TGV et La Grange-du-Bois, des villages viticoles renommés, tout particulièrement le secteur de Pouilly–Fuissé qui s'impose comme l'un des plus grands vins blancs de Bourgogne. Sur les premiers contreforts du Massif central, dominant la vallée de la Saône, le vignoble d'une superficie de 700 hectares s'étend sur des sites escarpés voire légendaires, le plus célèbre étant la roche de Solutré et ses 25 000 ans d'histoire. On vient de loin pour l'admirer, la gravir et méditer sur l'histoire de ses habitants préhistoriques. Son ascension est célèbre, le président François Mitterrand, chaque lundi de Pentecôte, était fidèle à son rendez-vous solutréen.

Le Haut-Beaujolais

Renard.
Dessin P.R.

Au-dessus de 500 m, la vigne fait place à la montagne beaujolaise d'une altitude moyenne de 800 à 900 m et qui culmine à 1 009 m au mont Saint-Rigaud. Le Haut-Beaujolais se caractérise par la lourdeur générale de ses sommets, par son sous-sol composé de roches cristallines dures et par son réseau hydrographique aux vallées enfoncées, telle celle de l'Azergues dont les pentes inférieures très raides sont souvent rocheuses et dénudées. Les sols pauvres et le climat sévère avec une forte pluviosité ne sont guère propices à l'agriculture. L'élevage bovin et l'exploitation forestière sont les principales ressources de cette contrée. Les forêts de sapins, de douglas et de hêtres couvrent 50 % du territoire. Elles ont cependant considérablement souffert de la tempête de 1999 (en certains endroits plus des deux tiers ont été saccagés en quelques heures). Depuis 1872, quelques dizaines de géants Douglas (appelés encore pin d'Oregon) importés du Canada où ils avaient vu le jour se sont bien acclimatés à ce secteur où l'exploitation forestière et les scieries emploient une main-d'œuvre locale. L'industrie textile a animé la haute vallée du Reins dès le XVIIIe siècle (filage et tissage du chanvre, puis du coton). C'était d'abord un travail complémentaire pour les paysans pendant la mauvaise saison. Au début du XIXe, siècle, cette longue tradition manufacturière va connaître le début de la mécanisation en utilisant la force motrice hydraulique fournie par le Reins. Puis, les plus grosses unités adopteront la machine à vapeur et l'électricité à partir de 1910 comme énergie complémentaire. La région de Thizy est alors une des premières zones de production d'articles de coton en tissé-teint (Vichy). A Tarare, Georges-Antoine Simonet (né en 1710) introduisit la fabrication de la mousseline. Cette activité qui en fit son renom est toujours célébrée de nos jours par la fête des mousselines. Tout le secteur subit depuis les années 1960 la crise du textile et la concurrence des pays à faible coût de production. Il résiste néanmoins et, dans des ateliers ultra-automatisés de la vallée du Reins on produit encore aujourd'hui près de 3 millions de mètres de tissu par an. Le tourisme est un apport non négligeable, tourisme vert généré par la proximité de la métropole lyonnaise en particulier au lac des Sapins, base de loisirs située dans un écrin de verdure à 440 m d'altitude entre champs et forêts. De 220 000 à 250 000 visiteurs par an l'ont fréquenté durant les années 1990 et début 2000. Malgré un réseau routier dense et de bonne qualité, les monts du Beaujolais restent à l'écart des grands axes de communication. Leur franchissement Est-Ouest se fait au col des Echarmeaux et surtout au col du Pin Bouchain (RN 7 : Lyon – Roanne).

Douglas. *Photo C.M. / CRPF*

Ce secteur a été gouverné pendant cinq siècles par les sires de Beaujeu qui pratiquèrent une politique libérale vis-à-vis de la bourgeoisie des villes. Au XVIe siècle, la bourgeoisie lyonnaise enrichie reprend un certain nombre de maisons fortes beaujolaises et édifie de somptueuses demeures dont il subsiste encore d'intéressants témoins. Dans la plaine du roannais, Charlieu est le carrefour entre Beaujolais, Bourgogne, Bourbonnais et Forez. De nombreux monuments témoignent de ce rôle stratégique.

Les monts du Lyonnais

Situés au cœur du triangle formé par Lyon, Saint-Étienne et Roanne, les monts du Lyonnais sont un petit pays vallonné s'élevant de 450 m à 1 000 m d'altitude. A cheval sur les départements de la Loire et du Rhône, ils dominent au Nord la vallée de la Turdine, à l'Est les coteaux et le plateau Lyonnais, au Sud la vallée du Gier et à l'Ouest la plaine du Forez. La densité de la population y est relativement importante. Le maillage est homogène, bien réparti entre les villages et un habitat dispersé sous forme de hameaux et de fermes isolées typiques. Cette région a une longue histoire derrière elle. Le pays lyonnais était déjà connu sous ce nom au temps des Gaulois. Plus tard, les Romains ont construit un extraordinaire réseau de routes et d'aqueducs. L'aqueduc de la Brévenne, remarquablement conservé, traversant les monts du Lyonnais d'Aveize à Courzieu a été construit en tranchée puis recouvert. Au fil de l'histoire, le pays lyonnais fut longtemps une zone de divisions et de querelles entre les comtes du Forez et les comtes archevêques de Lyon. L'histoire des monts du Lyonnais est donc intimement liée à celle du Forez à tel point qu'à la Révolution le Rhône et la Loire ne formaient qu'un seul département. La Révolution valut d'ailleurs aux monts du Lyonnais le surnom de « petite Vendée » pour leur activisme en faveur des prêtres réfractaires. Les monts du Lyonnais continuent encore aujourd'hui à affirmer leur attachement à l'église catholique et il n'est pas étonnant d'y rencontrer de nombreux témoignages de la pratique religieuse : églises monumentales, croix, chapelles et madones qui en jalonnent le paysage.

Croix du Signal. *Photo J.-C.C.*

Pêchers en fleurs dans les Monts du Lyonnais. *Photo B.P.*

Ophrys frelon. *Photo B.P.*

Dans cette région, l'agriculture est très présente ; tout d'abord la production laitière : 70 % des exploitations des monts du Lyonnais produisent du lait. Ensuite, les fermes se sont modernisées et diversifiées : vergers de cerisiers dans le secteur de Bessenay, culture de petits fruits rouges (fraises, framboises, groseilles etc.), transformation fromagère (fromages blancs, rigottes) naissage de porcs (en particulier dans le canton de Saint-Symphorien-sur-Coise).

Jour de marché à l'Arbresle. *Photo P.F.*

L'histoire récente du Lyonnais est marquée par le passage de l'artisanat à l'industrie. Déjà à l'époque de Louis XI et de Jacques-Cœur, la plus grande mine argentifère d'Europe était à Brussieu. A Sainte-Foy-l'Argentière les mines de charbon, les tuileries et la fabrique de porcelaine prirent de l'ampleur. A Chazelles-sur-Lyon, la chapellerie de feutre se développa. Les tanneries, les fabriques de chaussures, de chapeaux de paille et les ateliers de salaisons firent la renommée de Saint-Symphorien-sur-Coise, commune natale du président Antoine Pinay. Panissières est consacré à la cravate. Les eaux de Saint-Galmier, connues des Romains, sont largement diffusées aujourd'hui sous la marque bien connue de Badoit.
Toute cette histoire a forgé un pays aux multiples savoir-faire qui perpétue un art de vivre amoureusement préservé.

La vallée du Gier

Au Sud des monts du Lyonnais, le relief s'enfonce dans la vallée du Gier. A 509 m d'altitude, Sorbiers est le point le plus bas de la ligne de partage des eaux dans le Massif central. Les bouleversements géologiques liés aux Alpes ont favorisé l'accumulation de différents minerais d'où est née l'industrialisation de la vallée dès la Révolution. Les mines de charbon et la sidérurgie ont favorisé l'apparition du chemin de fer en 1832 entre Saint-Étienne et le Rhône. De nombreux vestiges témoignent de ce passé, tels les terrils appelés « crassiers » ou les demeures bourgeoises du XIXe siècle. Est-ce cette volonté d'aller plus vite qui a mené Alain Prost, natif de Saint-Chamond, à réaliser sa carrière en formule 1 ? Il est cependant toujours possible de flâner sur les chemins dominant la vallée !
Parcourir du Nord au Sud les itinéraires et les circuits de cette région de transition vous laissera tout à la fois une impression d'homogénéité et le sentiment de quitter les vastes forêts de l'Europe centrale et d'être sur le point d'aborder les garrigues et les senteurs de thym de l'Europe méditerranéenne.

Faisan de colchide. *Photo P.R.*

Choisir sa randonnée

Les randonnées sont classées par ordre de difficulté.

Elles sont différenciées par des couleurs dans la fiche pratique de chaque circuit.

très facile Moins de 2 heures de marche
Idéale à faire en famille, sur des chemins bien tracés.

facile Moins de 3 heures de marche
Peut être faite en famille. Sur des chemins, avec quelquefois des passages moins faciles.

moyen Moins de 4 heures de marche
Pour randonneur habitué à la marche. Avec quelquefois des endroits assez sportifs ou des dénivelés.

difficile Plus de 4 heures de marche
Pour randonneur expérimenté et sportif. L'itinéraire est long ou difficile (dénivelé, passages délicats), ou les deux à la fois.

Durée de la randonnée

La durée de chaque circuit est donnée à titre indicatif. Elle tient compte de la longueur de la randonnée, des dénivelés et des éventuelles difficultés.
Pas de complexe à avoir pour ceux qui marchent à « deux à l'heure » avec le dernier bambin, en photographiant les fleurs.

Quand randonner ?

■ **Automne-hiver :** les forêts sont somptueuses en automne, les champignons sont au rendez-vous (leur cueillette est réglementée), et déjà les grandes vagues d'oiseaux migrateurs passent au-dessus des cols des Monts du Forez, lieux privilégiés pour leur observation.

■ **Printemps-été :** les mille coloris des fleurs enchantent les jardins, les bords des chemins et les champs.

■ La neige et le brouillard peuvent rendre dangereux les sommets (plateaux exposés aux vents, perte des repères). Evitez de vous engager sur ces secteurs par temps de neige ou de brouillard, mais également par temps d'orage.

■ Les journées longues de l'été permettent les grandes randonnées, mais attention aux coups de chaleur. Il faut boire beaucoup d'eau.

■ Pendant la saison de chasse, de fin septembre à fin février, certaines randonnées sont déconseillées, voire interdites. Se renseigner en mairie.

Avant de partir, il est recommandé de s'informer sur le temps prévu pour la journée, en téléphonant à Météo France, tél. 32 50 ou sur le site internet : www.meteo.fr

Pour se rendre sur place

En voiture

Tous les points de départ sont facilement accessibles par la route.
Un parking est situé à proximité du départ de chaque randonnée.
Ne laissez pas d'objet apparent dans votre véhicule.

Par les transports en commun

■ Pour les dessertes SNCF, les horaires sont à consulter dans les gares ou par tél. au 36 35, ou encore sur internet : www.voyages-sncf.com.

■ Pour se déplacer en car, se renseigner auprès des Offices de tourisme et Syndicats d'initiative (voir la rubrique « Où s' adresser ? », page 21).

Où manger et dormir dans la région ?

Un pique-nique sur place ?

Chez l'épicier du village, le boulanger ou le boucher, mille et une occasions de découvrir les produits locaux.

Pour découvrir un village ?

Des terrasses sympathiques où souffler et prendre un verre.

Une petite faim ?

Les restaurants proposent souvent des menus du terroir. Les tables d'hôtes et les fermes-auberges racontent dans votre assiette les spécialités du coin.

Une envie de rester plus longtemps ?

De nombreuses possibilités d'hébergement existent dans la région.

A la terrasse d'un bon coin, après la randonnée.

Boire, manger et dormir dans la région ?	ALIMENTATION 	RESTAURANT 	CAFÉ 	HEBERGEMENT 
Belleroche		✗	✗	
Charlieu	✗	✗	✗	✗
Claveisolles	✗	✗	✗	✗
Coise	✗	✗	✗	✗
Cublize	✗	✗	✗	✗
Fontanès	✗			
Grandris	✗	✗	✗	✗
Lamure-sur-Azergues	✗	✗	✗	✗
Les Sauvages	✗	✗	✗	✗
Létra	✗	✗	✗	
Machézal		✗	✗	✗
Mars	✗	✗	✗	
Montromant	✗	✗	✗	✗
Montrottier	✗	✗	✗	✗
Panissieres	✗	✗	✗	✗
Poule-les-Echarmeaux	✗	✗	✗	✗
Saint-Bonnet-le-Troncy			✗	
Saint-Christo-en-Jarez		✗	✗	✗
Saint-Cyr-de-Valorges		✗	✗	
Saint-Forgeux		✗	✗	
Saint-Galmier	✗	✗	✗	✗
Saint-Héand	✗	✗	✗	
Saint-Marcel-l'Eclairé	✗	✗	✗	✗
Saint-Martin-en-Haut	✗	✗	✗	✗
Saint-Martin-Lestra	✗	✗	✗	✗
Saint-Nizier-d'Azergues	✗	✗	✗	
Saint-Romain-en-Jarez		✗	✗	✗
Sainte-Agathe-en-Donzy		✗	✗	
Sorbiers	✗	✗	✗	
Tarare	✗	✗	✗	✗
Vaugneray	✗	✗	✗	✗
Vaux-en-Beaujolais	✗	✗	✗	✗
Violay	✗	✗	✗	✗
Virigneux	✗	✗	✗	✗
Yzeron	✗	✗	✗	✗

La randonnée est reportée en rouge sur la carte IGN

Rivière

Village

La forêt (en vert)

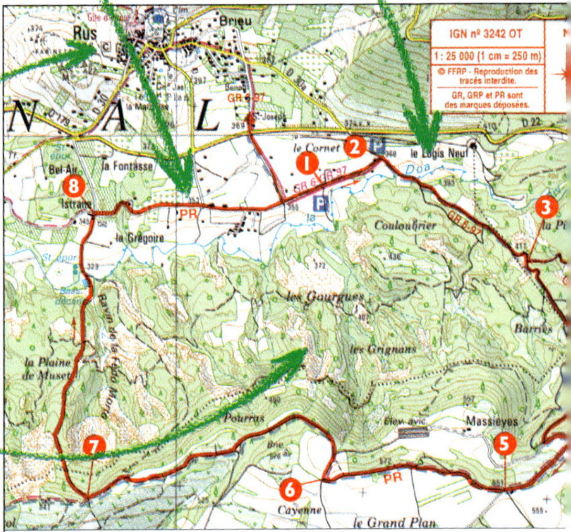

La fabrication de l'ocre

Le minerai brut d'extraction doit être lavé pour séparer l'ocre marchande des sables inertes. L'eau délaie la matière brute qui décante pendant le trajet pour ne laisser subsister que de l'ocre pur que le courant emporte dans les bassins. Après plusieurs jours de repos dans les bassins, l'eau de surface ne contient plus d'ocre. La couche d'ocre déposée au fond peut atteindre 70 à 80 cm d'épaisseur. Encore à l'état pâteux, la surface de l'ocre est griffée à l'aide d'un carrelet. Elle est ensuite découpée à la bêche et entassée en murs réguliers où les briquettes d'ocre achèvent de sécher. Le matériau part ensuite pour l'usine où s'achèvera son cycle de préparation : broyage, blutage et cuisson.

Colorado provençal. *Photo D. G.*

52

Pour en savoir plus

Nom et Numéro de la randonnée

Pour se rendre sur place

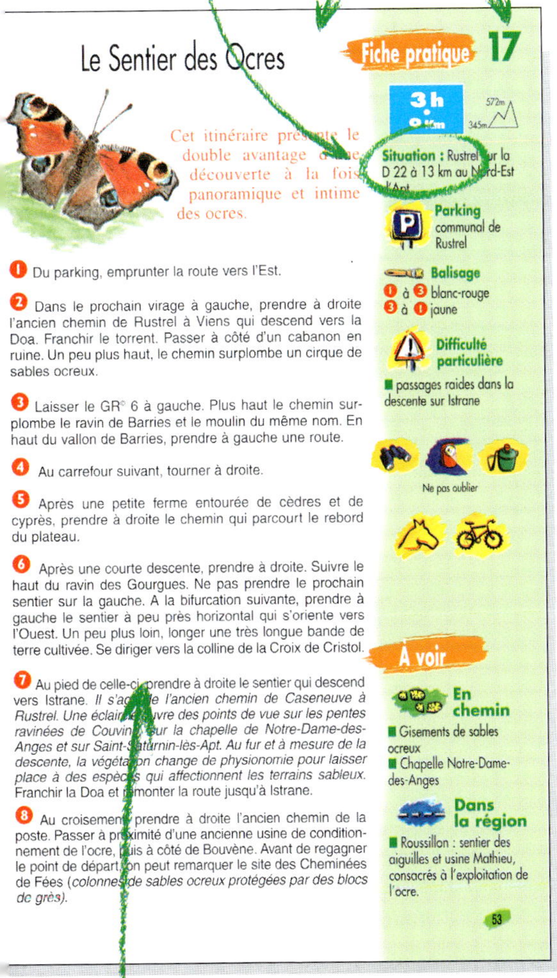

Le Sentier des Ocres

Fiche pratique 17

Cet itinéraire présente le double avantage d'une découverte à la fois panoramique et intime des ocres.

1 Du parking, emprunter la route vers l'Est.

2 Dans le prochain virage à gauche, prendre à droite l'ancien chemin de Rustrel à Viens qui descend vers la Doa. Franchir le torrent. Passer à côté d'un cabanon en ruine. Un peu plus haut, le chemin surplombe un cirque de sables ocreux.

3 Laisser le GR® 6 à gauche. Plus haut le chemin surplombe le ravin de Barries et le moulin du même nom. En haut du vallon de Barries, prendre à gauche une route.

4 Au carrefour suivant, tourner à droite.

5 Après une petite ferme entourée de cèdres et de cyprès, prendre à droite le chemin qui parcourt le rebord du plateau.

6 Après une courte descente, prendre à droite. Suivre le haut du ravin des Gourgues. Ne pas prendre le prochain sentier sur la gauche. A la bifurcation suivante, prendre à gauche le sentier à peu près horizontal qui s'oriente vers l'Ouest. Un peu plus loin, longer une très longue bande de terre cultivée. Se diriger vers la colline de la Croix de Cristol.

7 Au pied de celle-ci, prendre à droite le sentier qui descend vers Istrane. *Il s'agit de l'ancien chemin de Caseneuve à Rustrel. Une éclaircie ouvre des points de vue sur les pentes ravinées de Couvin, sur la chapelle de Notre-Dame-des-Anges et sur Saint-Saturnin-lès-Apt. Au fur et à mesure de la descente, la végétation change de physionomie pour laisser place à des espèces qui affectionnent les terrains sableux.* Franchir la Doa et remonter la route jusqu'à Istrane.

8 Au croisement, prendre à droite l'ancien chemin de la poste. Passer à proximité d'une ancienne usine de conditionnement de l'ocre, puis à côté de Bouvène. Avant de regagner le point de départ, on peut remarquer le site des Cheminées de Fées (*colonnes de sables ocreux protégées par des blocs de grès*).

3 h / 9 Km — 572m / 345m

Situation : Rustrel sur la D 22 à 13 km au Nord-Est d'Apt

Parking communal de Rustrel

Balisage
1 à 3 blanc-rouge
3 à 1 jaune

Difficulté particulière
- passages raides dans la descente sur Istrane

Ne pas oublier

À voir

En chemin
- Gisements de sables ocreux
- Chapelle Notre-Dame-des-Anges

Dans la région
- Roussillon : sentier des aiguilles et usine Mathieu, consacrés à l'exploitation de l'ocre.

53

Description précise de la randonnée

3 h / 9 Km

Temps de marche à pied

Longueur

Classement de la randonnée :

- Très facile
- Moyen
- Facile
- Difficile

572m / 227m / 345m

Point le plus haut
Point le plus bas
Dénivelée positive

Parking

Balisage des sentiers (voir page 19)

Attention

Prévoir des jumelles

Prévoir une lampe de poche

Emporter de l'eau

Praticable à cheval

Praticable à VTT

Sites et curiosités à ne pas manquer en chemin

Autres découvertes à faire dans la région

Des astuces pour une bonne rando

■ Prenez un petit sac pour y mettre la gourde d'eau, le pique nique et quelques aliments énergétiques pour le goûter.

Le temps peut changer très vite lors d'une courte randonnée. Un coupe-vent léger ou un vêtement chaud et imperméable sont conseillés suivant les régions.

En été, pensez aux lunettes de soleil, à la crème solaire et au chapeau.

■ La chaussure est l'outil premier du randonneur. Elle doit tenir la cheville. Choisissez la légère pour les petites randonnées. Si la rando est plus longue, prévoyez de bonnes chaussettes.

■ Mettre dans votre sac à dos l'un de ces nouveaux petits guides sur la nature animera la randonnée. Ils sont légers et peu coûteux. Pour reconnaître facilement les orchidées sauvages et les différentes fougères. Cela évite de marcher n'importe où et d'écraser des espèces rares ou protégées.

■ Pour garder les souvenirs de la randonnée, des fleurs et des papillons, rien de tel qu'un appareil photo.

■ Les barrières et les clôtures servent à protéger les troupeaux ou les cultures. Une barrière ouverte sera refermée.

■ Les chiens sont tenus en laisse. Ils sont interdits dans les parcs nationaux et certaines zones protégées.

SUIVEZ LE BALISAGE POUR RESTER SUR LE BON CHEMIN.

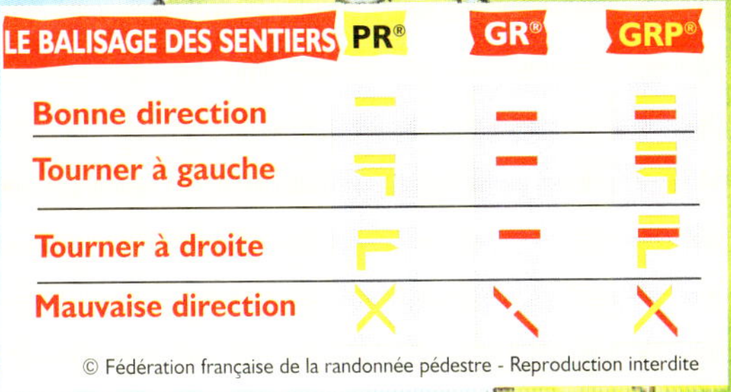

Où s'adresser ?

Comités Départementaux de Tourisme (CDT)

Les CDT publient des brochures d'informations touristiques gratuites sur les départements.

• CDT de la Saône-et-Loire, Maison de la Saône et Loire, 389, av. de Lattre de Tassigny, 71000 Mâcon, tél. 03 85 21 02 20, fax 03 85 38 94 36, e-mail : CDT71@wanadoo.fr

• CDT du Rhône, 35, rue Saint-Jean, 69005 Lyon, tél. 04 72 56 70 40, fax 04 72 56 70 41, e-mail : mail@rhonetourisme.com, Internet : www.rhonetourisme.com

• CDT de la Loire, 5, place Jean-Jaurès, 42021 Saint-Etienne, cedex 1, tél. 04 77 43 24 42, fax 04 77 47 16 39, Internet : www.cg42.fr

Offices de tourisme et syndicats d'initiative

• SI Matour, tél. 03 85 59 72 24
• OT Crèches-sur-Saône, tél. 03 85 37 48 32
• SI du Haut Beaujolais, tél. 04 74 04 70 85
• OT Haute-Azergues (Lamure-sur-Azergues), tél. 04 74 03 13 26
• SI d'Amplepuis, tél. 04 74 89 01 71
• OT du Lac des Sapins (Cublize), tél. 04 74 89 58 03
• OT des Monts de Tarare, tél. 04 74 63 06 65
• OT du Canton de Saint-Laurent-de-Chamousset (Brussieu), tél. 04 74 70 90 64
• OT des Balcons du Lyonnais (Mornant), tél. 04 78 19 91 65
• OT des Hauts du Lyonnais (Saint-Martin-en-Haut), tél. 04 78 48 64 32
• OT du pays de L'Arbresle, tél. 04 74 01 48 87
• OT de l'ouest Lyonnais (Marcy-l'Étoile), tél. 04 78 87 05 21
• SI de Belmont-de-la-Loire, tél. 04 77 63 64 27
• OT Saint-Symphorien-de-Lay, tél. 04 77 62 77 77
• OT Montagnes du Matin (Panissières), tél. 04 77 28 67 70
• OT du canton de Chazelles-sur-Lyon, tél. 04 77 54 98 86
• OT Sorbiers, tél. 04 77 01 11 42
• OT Saint-Chamond, tél. 04 77 31 04 41
• OT Macon, tél. 03 85 21 07 07
• OT Mornant, tél. 04 78 19 91 65
• OT Charlieu, tél. 04 77 60 12 42
• OT Saint-Galmier, tél. 04 77 54 06 08

La Fédération française de la randonnée pédestre

• Centre d'information de la Fédération
Pour tous renseignements sur la randonnée pédestre en France et sur les activités de la Fédération.
64, rue du Dessous-des-Berges, 75013 Paris, M° 14 / RER C Bibliothèque, tél. 01 44 89 93 93, fax 01 40 35 85 67, e-mail : info@ffrandonnee.fr, Internet : www.ffrandonnee.fr.

• Comité régional de la randonnée pédestre de Rhône-Alpes, 16, place Jean-Jacques Rousseau, BP 174, 38304 Bourgoin-Jailleux cedex.

• Comité départemental de la randonnée pédestre de la Saône-et-Loire, 66, rue du docteur Rebillard, 71200 Le Creusot, tél. 03 85 80 89 73.

• Comité départemental de la randonnée pédestre du Rhône, 39, rue Germain, 69006 Lyon, tél./fax 04 72 75 09 02, e-mail : cdrp69@free.fr, Internet : www.cdrp69.dansleschemins.org

• Comité départemental de la randonnée pédestre de la Loire, 1, rue Emile Combes, 42000 Saint-Etienne, tél. 04 77 43 59 17, fax 04 77 41 68 27, e-mail : randoloire@wanadoo.fr, Internet : http://rando-loire.org

Divers

• Association Départementale du Tourisme Rural (Gîtes de France) :
- Saône-et-Loire, tél. 03 85 29 55 60 - Rhône, tél. 04 72 77 17 50 - Loire, tél. 04 77 79 18 49

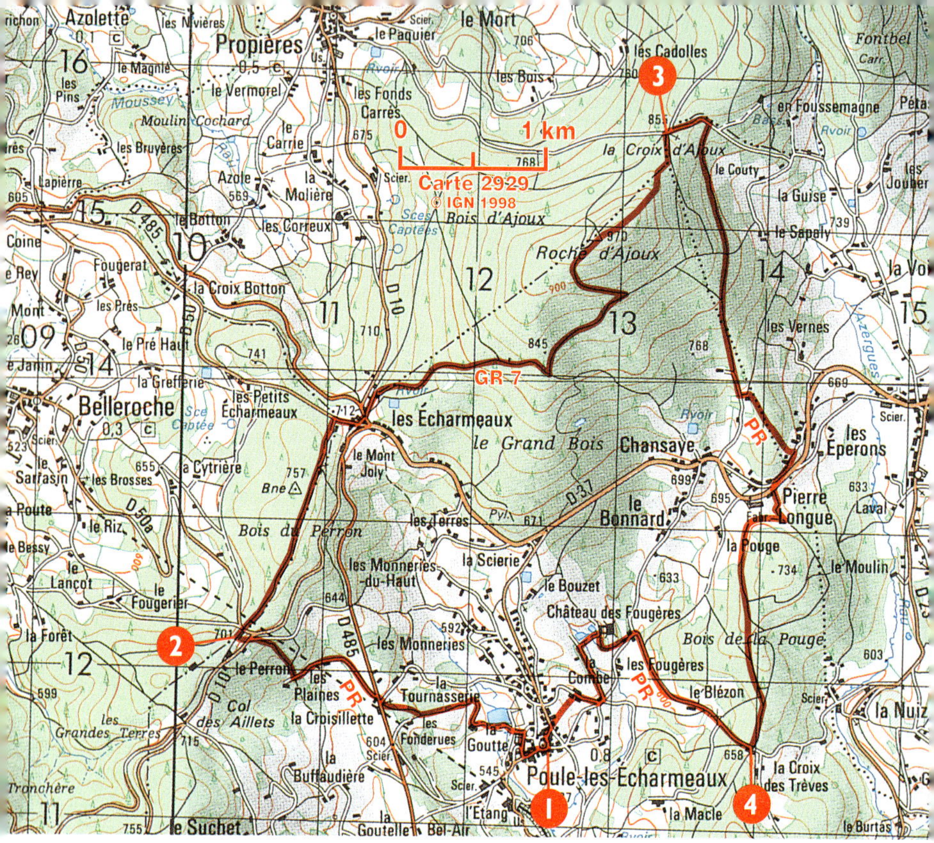

Ex-passage obligé mais redouté

Il existe à Poule-les-Echarmeaux un tunnel de 4153 m de long - le neuvième en France par sa longueur - qui permet de faire passer la voie de chemin de fer Lyon-Paray-le-Monial du Rhône dans la Loire. La partie visible d'un puits d'aération d'une profondeur totale de 96 m intrigue par sa présence insolite au beau milieu d'un champ à la Côte du Perron. Le col des Echarmeaux a de tous temps été un lieu de transit de marchandises. Dès le XIVe s., il y passait des charrois de boeufs qui transportaient surtout des fûts de vin de la Saône à la Loire. Certaines marchandises venaient d'Italie et même d'Orient en passant par Marseille et transitaient ensuite par le col jusqu'en Angleterre. Plus tard, ce fut le passage obligé de « la Charolaise », la diligence qui partait du Quai de Bondy à Lyon à 14 h pour n'arriver au col qu'à minuit quand elle n'avait pas été pillée en route.

Statue de Napoléon au col des Echarmeaux.
Photo J.-C.C.

Circuit de la Roche

Fiche pratique **1**

4 h
16 Km

970m
550m 460m

Si vous aimez églises anciennes et réalisations modernes, le circuit va vous combler. A Poule-les-Echarmeaux, vous êtes sur les terres d'un ancien prieuré de Cluny et à côté d'un tunnel ferroviaire de plus de 4 km, le neuvième en France par sa longueur.

1 De l'église, se rendre à l'étang. Suivre le circuit « fleur » en direction des Fonderues. Traverser la D 485 et prendre en face le chemin goudronné en direction des Plaines. A noter à gauche la cheminée *(puits d'extraction)*. Poursuivre jusqu'au GR® 7.

2 Tourner à droite et suivre le circuit « poule » (GR® 7) en direction du mont Joly. Emprunter à droite la D 10 et traverser la D 37. Reprendre le circuit « poule » par le Nord en direction du bois des Echarmeaux et de la Roche-d'Ajoux. Grimper sur la Roche pour admirer le panorama *(vue sur les monts du Beaujolais, Charolais, Roannais et derrière, au Nord, le Saint-Rigaud (1 009 m), point le plus élevé du département du Rhône)*. Suivre toujours la « Poule » jusqu'à la croix d'Ajoux.

3 Prendre à droite en direction de Chénelette sur environ 300 m et virer à droite en direction de Pierre-Longue. Traverser ensuite la D 37, puis s'engager dans le bois de la Pouge. Parvenir au lieu-dit la croix des Trêves.

4 Tourner à droite en empruntant le circuit « champignon ». Passer à proximité du château des Fougères, devant deux étangs, puis devant le château de la Combe et prendre immédiatement après le sentier à gauche qui conduit directement au village.

Panorama depuis la Roche-d'Ajoux. *Photo B.P.*

Situation Poule-les-Echarmeaux, à 13 km au Nord de Lamure-sur-Azergues par les D 485 et D 110

Parking
à la poste et vers l'église

Balisage

1 à 2 « fleur »
2 à 3 blanc-rouge et « poule »
3 à 4 « poule »
4 à 1 « champignon »

À voir

En chemin

- Poule-les-Echarmeaux : église, château des Fougères (non visitable), château de la Combe (XVIIIe)
- Col des Echarmeaux : statue de Napoléon
- La Roche-d'Ajoux : panorama

Dans la région

- Mont Saint-Rigaud : point culminant du département (1 009 m), tour panoramique
- Col de Crie : nombreuses activités (ferme, arboretum...)

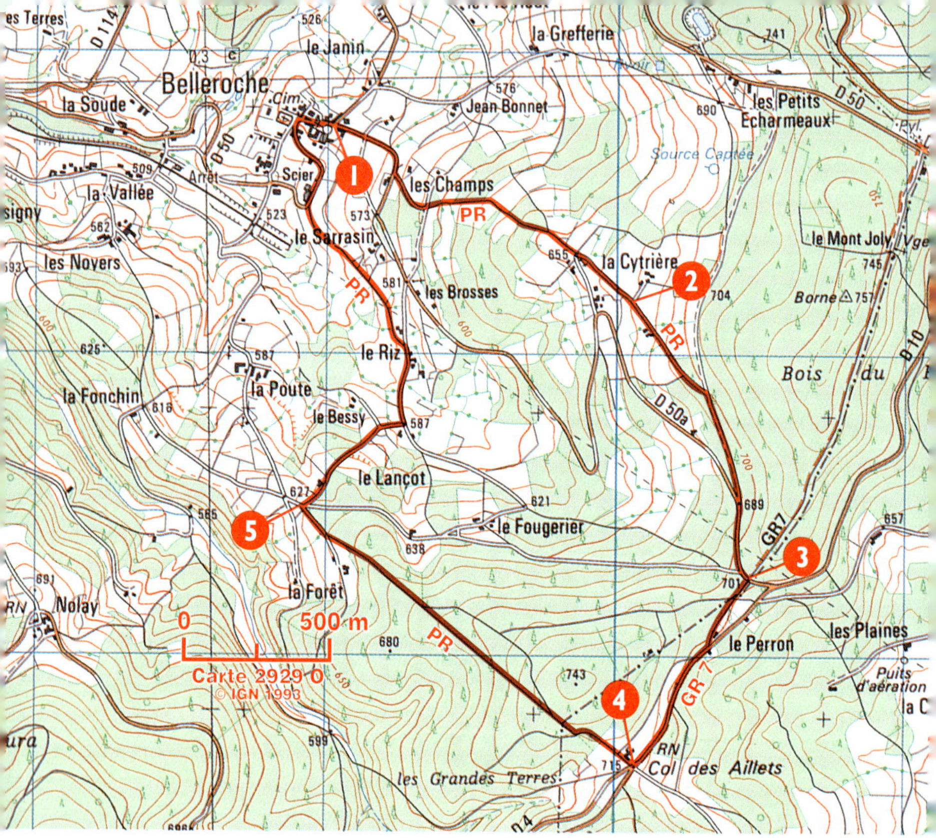

Belleroche pays de confins

Photo E.P.

Dès 993, est mentionnée une « capella de rocam » qui deviendra Belleroche, siège d'une importante seigneurie dès le XIIe siècle, animée par la foire de la St-Jean. Elle est située sur la route de Beaujeu à Charlieu (voir PR 1 et 4) en marge du Beaujolais, du Mâconnais et du Lyonnais dans des montagnes qui culminent à 883 m au mont Pinay. Lors de la partition du Rhône-et-Loire, il avait d'abord été placé dans le Rhône. A l'inverse de la voie ferrée, la route des Echarmeaux ne passe plus par Belleroche, qui a perdu le chef-lieu de canton au profit de Belmont-de-la-Loire. Ce pays boisé conserve le charme discret de ses maisons construites avec les pierres du château démantelé.

Circuit des Aillets

Fiche pratique 2

2 h • 6 Km

730m
530m 210m

Situation Belleroche, à 59 km au Nord-Ouest de Lyon par les N 6, D 485 et D 50

Parking église de Belleroche

Balisage

1 à 3 blanc-jaune
3 à 4 blanc-rouge
4 à 1 blanc-jaune

Ne pas oublier

La voie ferrée emprunte un tunnel. Cette balade préfère monter dans le calme et le charme discret des sous-bois pour rejoindre la ligne de partage des eaux.

Cèpe de Bordeaux. *Dessin N.L.*

1 Monter par la D 50A, à droite de la croix. Gravir la route à gauche jusqu'aux Champs. A la fourche, grimper par le sentier à gauche. A la croix, suivre le chemin à l'orée du bois à gauche puis à droite.

2 Au carrefour, obliquer sur la route à gauche. Elle prend de l'altitude à travers champs. Continuer à flanc de montagne puis par la D 50A qui se hisse jusqu'au col où elle change de département et de nom (*vue à droite sur le Charollais et le Morvan*).

3 Prendre la deuxième sente à droite. A la fourche, obliquer à gauche. Emprunter la D 10 à droite.

4 Au col des Aillets, monter par la laie à droite. Ignorer le sentier à droite et poursuivre tout droit. A la jonction de chemins, descendre à droite en sous-bois, puis par la route à droite en lisière.

5 Au carrefour, choisir la deuxième route à droite. Elle descend le long du bois. Obliquer à droite, puis emprunter la route à gauche. Elle change de versant. Avant les dernières maisons du Riz, s'engager à gauche sur le sentier en contrebas. A la scierie, prendre la route qui s'élève à droite et longe le cimetière, avant de retrouver le point de départ.

À voir

En chemin

■ point de vue sur le Charollais et le Morvan

Dans la région

■ Chauffailles : musée automobile ■ La Gresle : Madone et table d'interprétation du paysage ■ col des Echarmeaux : statue de Napoléon Ier ■ Belmont-de-la-Loire : chapelle Saint-Claude, croix de bouteilles ■ Solutré : roche et site préhistorique

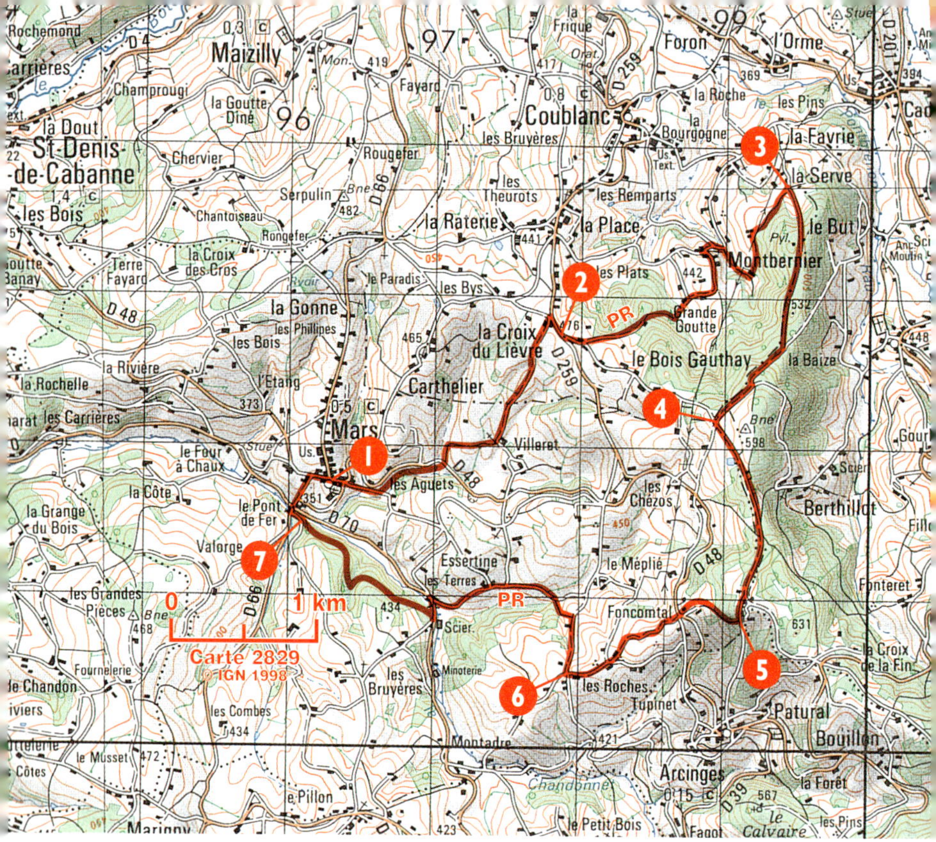

Il y a eu de l'eau sur Mars

Les scientifiques se demandent sous quelle forme l'eau aurait pu se trouver chez les martiens. La commune de Mars a, elle, été recouverte par la mer pendant l'ère secondaire, au Jurassique. Les vallées sont constituées de marne du lias alors que le plateau est calcaire. La présence de marne et de nombreux points d'eau offre un paysage de bocage verdoyant très différent de l'aridité des zones entièrement calcaires. Les prairies sont encloses de haies d'aubépines : les bouchures du Brionnais. Le Pays de Charlieu possède de nombreux monuments érigés avec cette belle pierre qui est un matériau de choix pour le sculpteur. Les monts du Beaujolais ou du Lyonnais sont beaucoup plus anciens et les constructions en granit y montrent un aspect plus austère.

Mars. *Photo OTPC*

Circuit des Planètes

Fiche pratique 3

Sapin pectiné. Dessin N.L.

Depuis Mars et les bocages des collines verdoyantes du bassin de la Loire, cette randonnée monte dans les forêts des confins de la Bourgogne. Le regard porte jusqu'aux limites de l'Auvergne.

1 Suivre la D66 qui descend devant l'église et, dans le virage, descendre en face par la petite route des Aguets. Avant le ruisseau, prendre le chemin à gauche. Croiser la D48, continuer en face dans les bocages et monter par le sentier à droite. A la croix, grimper à gauche vers la ligne de crête. A La Croix-du-Lièvre (commune bourguignonne de Coublanc), emprunter la route à droite puis la D259 à droite.

2 Bifurquer deux fois à gauche (*vue à droite sur Roanne ; au fond, sur les monts de la Madeleine et, au loin, sur ceux du Forez ; en face, sur les monts du Lyonnais*). En remontant, ignorer la route à gauche puis arriver à La Grande-Goutte. Descendre à droite dans le vallon et monter par la route à droite. A la maison, grimper à gauche en lisière d'un bois de feuillus.

3 Gravir la route à droite et entrer dans les bois. Au pylône, tenir la ligne de crête boisée sur 1,5 km.

4 Au carrefour (*vue en face sur le Roannais et les monts du Forez*), monter par la laie à gauche et poursuivre par la route sur 150 m.

5 Descendre par l'allée à droite. Traverser le carrefour routier, prendre le chemin en face et poursuivre par la route.

6 Au croisement, prendre la route à droite. Descendre dans le vallon à gauche par la piste et poursuivre par la route à gauche. Près de l'auberge du pont de Mars, traverser le Chandonnet à gauche grâce à la D70 et grimper par la sente à droite. Continuer à flanc sous les feuillus jusqu'à la route.

7 Emprunter la route à droite, la D66 à droite pour traverser la rivière, puis monter en face. Prendre la D48 à droite pour rejoindre l'église de Mars.

3h15
13 Km

593m
351m 320m

Situation Mars, à 25 km au Nord-Est de Roanne par les D 482, D 13 et D 66

Parking église

Balisage

1 à 6 jaune-rouge
6 à 7 bleu et coquille jaune
7 à 1 non balisé

Ne pas oublier

À voir

En chemin

- panorama
- bocage

Dans la région

- Saint-Hilaire-sous-Charlieu : grand couvert de la Grange des Perches
- Nandax : château de Ressins, vente de produits de la ferme
- Roanne : port de plaisance, musée Déchelette

A la croisée des chemins d'Europe

Les moines baptisèrent « carus locus » ou le « cher lieu », le village bâti autour de l'abbaye bénédictine qui fut placée sous la dépendance de celle de Cluny vers 930-940. Saint-Louis rattacha le bourg fortifié au bailliage de Mâcon en 1239. En 1313, quand Lyon fut réuni à la France, il dépendait de cette ville et se trouvait sur la Grande Voie française qui la reliait à Paris. De nombreux édifices, tant civils que religieux, témoignent de ces temps où l'activité commerciale fut intense lorsque les marchands venus de Champagne ou de Venise et les pèlerins de Saint-Jacques se croisaient en ces lieux. Lors des guerres de Religion, Charlieu et les Bourguignons s'allièrent aux Anglais. En 1477, l'annexion de la Bourgogne à la France fit perdre à Charlieu son rôle de frontière.

Portail de l'abbaye bénedictine. *Photo J.-B.D.*

La cité médiévale de Charlieu

Fiche pratique **4**

1 h
2 Km

275m
270m 10m

Situation Charlieu, à 20 km au Nord de Roanne par les D 482 et D 487

Parking place des Bénédictins

Balisage

plaque en lave émaillée (main noire sur fond écru)

Carrefour stratégique entre Forez, Beaujolais, Bourgogne et Bourbonnais fortifié en 1180 par Philippe Auguste, Charlieu regorge de chef-d'œuvres romans, gothiques ou de détails architecturaux à scruter.

► Une documentation complète est disponible à l'office de tourisme. Les numéros renvoient à des blasons posés dans les rues.

De l'**abbaye** 1 et 2 (*fondée en 872, époque à laquelle l'endroit portait le nom de vallée Noire vu l'abondance des forêts alentours, et rattachée à Cluny vers 930 ; éléments les plus anciens* XIe, *tympan du grand portail avec Christ en majesté* XIIe, *cloître gothique flamboyant* XVe *; dans l'ancien dortoir des novices, un musée retrace cet univers monastique*), prendre la rue de la Grenette, tourner à droite le long de l'abbaye et arriver **place du Prieuré** 3 (*hôtel du Prieur* XVIe, *charpentes en chêne*).
Emprunter à gauche la rue des Moulins (*maisons à pans de bois*) puis à droite la rue du Merle.

4 Tourner à gauche et gagner la place Saint-Philibert entourée de vieilles maisons.

5 Longer l'**église Saint-Philibert** (*en partie* XIIIe).

6 Virer à droite.

7 Prendre la rue Chanteloup à gauche, puis la rue du Guichet à la Denise à droite pour arriver sur la petite place du Marché-aux-Ânes.

8 Revenir sur ses pas et poursuivre par la rue Michon.

9 Tourner à droite dans la rue Charles-De-Gaulle 10.

11 Plus loin prendre à gauche la rue Farinet (*demeures en pierre ou à pans de bois* XVe) 12.

13 Virer à gauche dans la rue Jean-Morel. Tourner à gauche rue fromagerie, puis se diriger à droite place des Canuts et arriver à l'**hôtel de Ville** 14. Reprendre à gauche la rue Jean-Morel (*en face,* ***musées hospitalier et de la Soierie*** *installés dans l'ancien Hôtel-Dieu* XVIIIe).

15 Passer le long des **halles** près de maisons médiévales. Tourner à droite à l'**office de tourisme** 16 et, par la rue Grenette, rejoindre l'**abbaye**.

À voir

En chemin

■ abbaye, église Saint-Philibert, maisons anciennes, musées, anciennes halles

Dans la région

■ Saint-Nizer-sous-Charlieu : cloître des Cordeliers ■ La Bénisson-Dieu : abbaye cistercienne ■ Briennon : parc des Canaux, port de plaisance, église romane ■ Saint-Germain-Lespinasse : forêt de Lespinasse et grand couvert ■ Saint-Haon-le-Châtel : remparts, tours, église romane

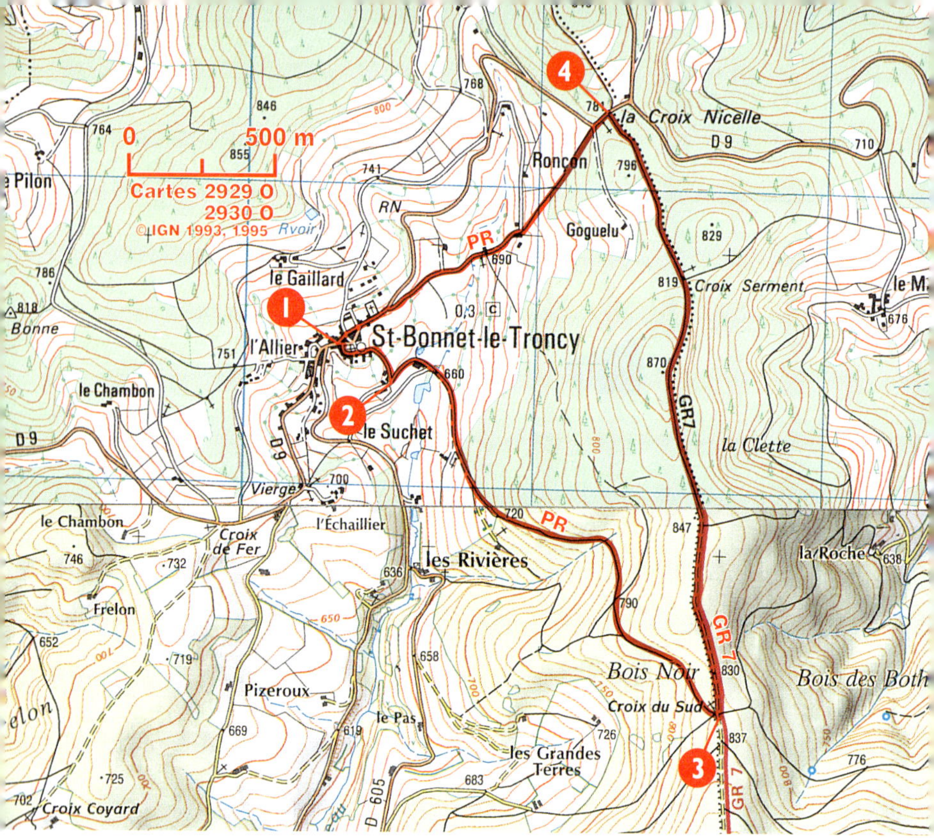

Déjà connu des Romains

L'origine du village de Saint-Bonnet-le-Troncy remonte à l'an 800 mais les Romains y avaient déjà tracé une voie qui venait de Meaux-la-Montagne et se dirigeait vers Ranchal. Un pays qui peut-être fut évangélisé par Saint-Bonnet lui-même. Son église, restaurée, construite en 1821 est remarquable pour son bénitier en marbre poli, bleu noir veiné de blanc, provenant d'une carrière du Suchet, son Chemin de Croix en relief polychrome et sa haute chaire en bois richement et finement sculptée qui est une véritable oeuvre d'art. Le clocher fut rehaussé en 1826 et couvert de tuiles plates vernissées. Saint-Bonnet a vu naître le 7 août 1790 Jean-Claude Colin ordonné prêtre le 21 juillet 1816 avec Jean-Marie Vianney le saint curé d'Ars et Marcelin Champagnat qui fonda l'ordre des Pères Maristes. Le musée qui porte son nom est installé dans la maison où il vécut son enfance.

Saint-Bonnet-le-Troncy. *Photo J.-C.C.*

Le sentier des Airelles

Fiche pratique **5**

2h
6 Km

870m
660m 220m

Situation Saint-Bonnet-le-Troncy, à 9,5 km au Nord-Ouest de Lamure-sur-Azergues par les D 485 et D 9

Parking de l'église et de la mairie

Balisage

1 à 3 losange jaune
3 à 4 blanc-rouge et losange jaune
4 à 1 losange jaune

Geai des chênes. *Dessin P.R.*

A l'écart des grandes routes, une campagne merveilleuse où la vue porte loin sur les collines boisées qui étagent des sommets arrondis comme ceux des Vosges.

1 Descendre la petite route entre l'église et le musée jusqu'à une bifurcation.

2 Tourner à gauche ; la route s'oriente progressivement vers le Sud. Pénétrer en forêt et monter jusqu'à la croix du Sud.

3 Emprunter à gauche le GR® 7, passer la croix Serment et atteindre la croix Nicelle.

4 Tourner à gauche, puis s'engager dans un chemin qui descend au village de Saint-Bonnet-le-Troncy.
Passer devant le cimetière, puis tourner à gauche pour regagner le point de départ.

La croix Nicelle. *Photo J.-C.C.*

À voir

En chemin

■ Saint-Bonnet-le-Troncy : église XIXe siècle, musée Jean-Claude Colin (ouvert du 14/04 au 27/10)

Dans la région

■ Saint-Nizier-d'Azergues : église ■ Route D 54 : nombreux points de vue sur les monts du Beaujolais

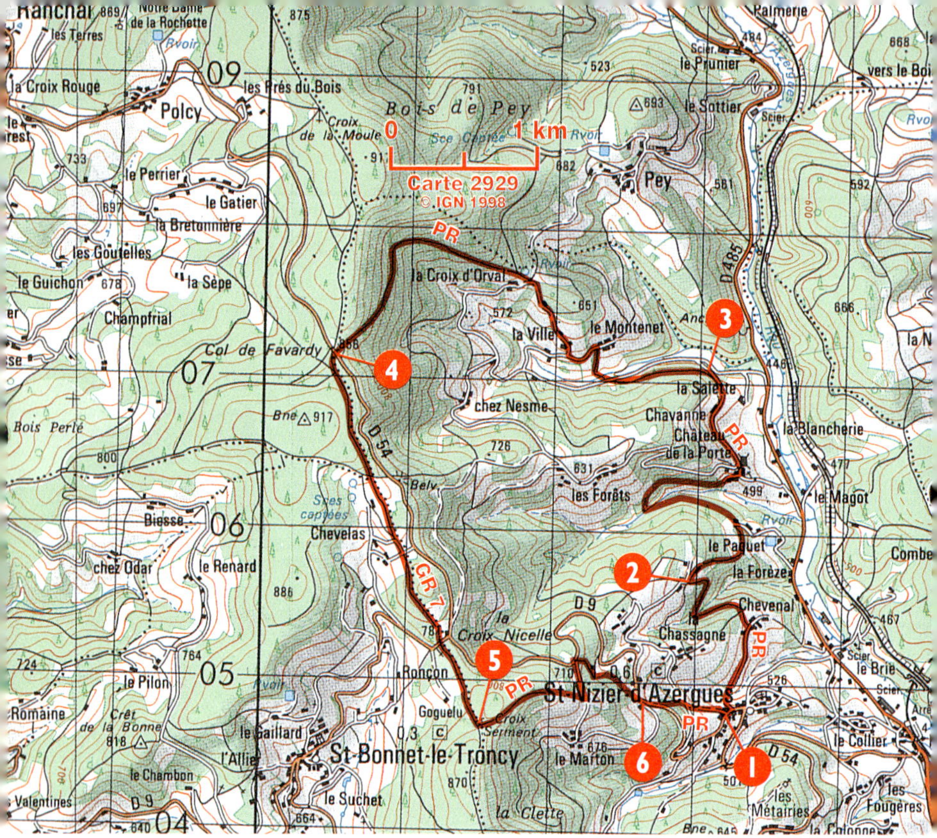

Manon Philipon qui fut « Madame Roland »

Née à Paris, Manon Philipon (1754-1793) était l'épouse de Roland de la Platière, né à Thizy, ministre de l'Intérieur, ami des Girondins.
Quel destin tragique que celui de ces deux époux qui vécurent à l'épopée de la Révolution française, à Villefranche où ils avaient plaisir à se réfugier, loin des excès de toutes natures de la capitale.
En se rendant au Clos de la Platière ou devant leur demeure caladoise, on ne peut qu'avoir une pensée pour celle que la Terreur conduisit à l'échafaud, victime de Robespierre qu'elle avait inspiré, et dont les dernières paroles : « Liberté, que de crimes on commet en ton nom ! » restera dans tous les manuels d'Histoire de France.
Roland de la Platière s'était distingué en découvrant et en triant des documents contenus dans « l'Armoire de fer », coffre dissimulé dans le mur d'un corridor des Tuileries qui révéla les correspondances de Louis XVI avec « les ennemis de la Nation ». Il se donna la mort en apprenant l'horreur de la fin de son épouse.

Circuit des Viaducs

Fiche pratique 6

3 h 45
15 Km

856m
470m 546m

Situation Saint-Nizier-d'Azergues, à 4 km au Nord-Ouest de Lamure-sur-Azergues, par les D 485 et D 9

Parking dans le village

Balisage

1 à 4 jaune
4 à 5 blanc-rouge
5 à 1 jaune

Au cœur de la vallée de l'Azergues, voici l'un des passages de la « Route Buissonnière » Lyon-Charolles, renforcée par des voies de chemin de fer empruntant par ici une bonne demi-douzaine de viaducs. A son épicentre : Saint-Nizier, village sur un mamelon entouré de hauteurs forestières, de scieries... et de ruches.

1 Quitter le village en laissant l'église derrière soi et prendre la première route à droite. Atteindre le hameau de Chevenal, puis s'engager à gauche dans un chemin menant à proximité du lieu-dit Goutte-la-Fay.

2 Tourner à droite et descendre vers Le Paquet. Le chemin s'oriente vers l'Ouest. Après la traversée d'un ruisseau, se diriger à droite vers le château de la Porte. Par une route à gauche, passer à Chavanne.

3 S'engager à gauche dans un chemin. Plus loin, couper la route et monter au Montenet. Prendre à gauche puis à droite et, par une pente assez raide, monter au col de Favardy.

4 Emprunter le GR® 7 à gauche sur 2 km pour atteindre la croix Nicelle. Poursuivre sur le GR® jusqu'à la croix Serment.

5 S'engager à gauche dans un sentier pour descendre à une petite route que l'on emprunte à gauche. Rejoindre la D 9 puis emprunter à droite un sentier en pente sur 750 m qui rejoint la D 9.

6 La couper et poursuivre en face la descente vers Saint-Nizier-d'Azergues. Traverser le village et rejoindre le point de départ.

Saint-Nizier-d'Azergues. *Photo P.F.*

À voir

En chemin

- Saint-Nizier-d'Azergues : église
- Château de la Porte

Dans la région

- Saint-Bonnet-le-Troncy : église XIXe siècle, musée Jean-Claude Colin (ouvert du 14/04 au 27/10)
- Route D 54 : nombreux points de vue sur les monts du Beaujolais

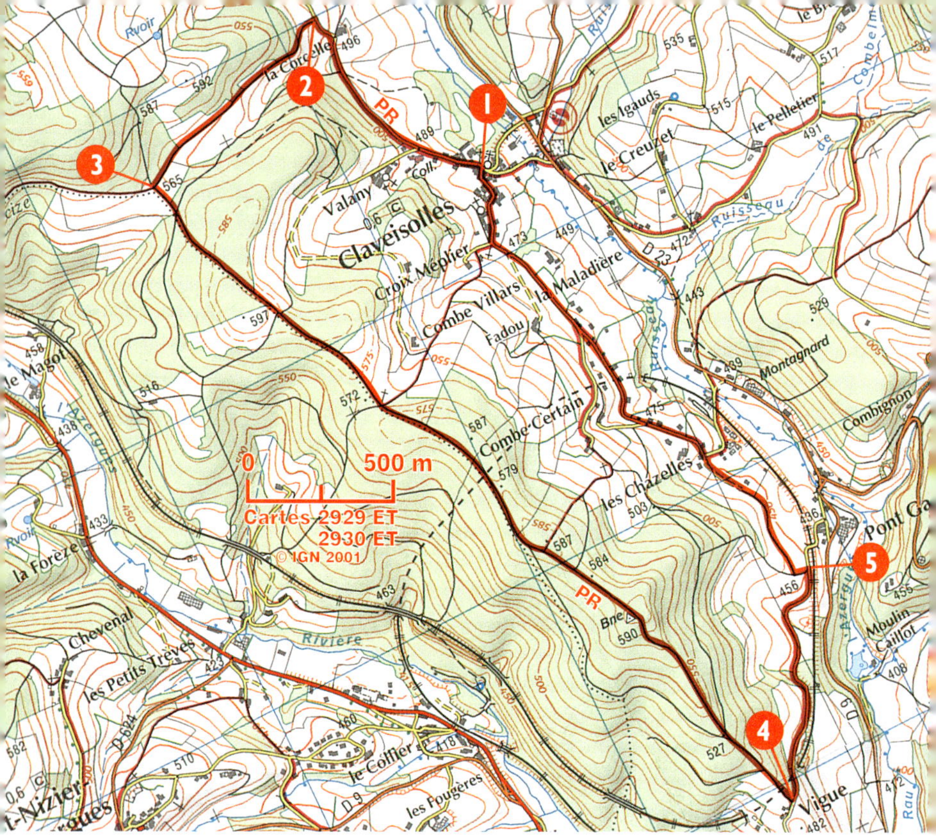

Le sapin de Douglas

Ce sapin fut découvert dans l'île de Vancouver et introduit en Angleterre en 1827 par le botaniste anglais D. Douglas qui fit des premiers essais de plantation de graines. Implanté en France en 1842, il se développa dans les Vosges et atteignit le Beaujolais en 1872, où il s'est particulièrement bien acclimaté couvrant aujourd'hui plus de 10 000 hectares. Il peut atteindre 60 m, résiste bien au froid, mais sa sensibilité au vent fit, lors des tempêtes de décembre 1999, d'importants dégâts.

Douglas.
Dessin N.L.

Il est facile à reconnaître grâce à ses aiguilles aplaties, molles et à forte odeur de citronnelle lorsqu'on les froisse. Cet important bois d'œuvre au cœur rouge saumon, dense, durable, a d'excellentes propriétés mécaniques. Il est utilisé pour les charpentes, parquets, boiseries. L'association Douglas-Haut-Beaujolais contrôle l'obtention de la marque par des règles rigoureuses de sylviculture et de sciage.

Circuit des Douglas

Fiche pratique **7**

2h20 • 7 Km

590m
450m 165m

Itinéraire paisible et vivifiant, alternant bois et prairies, établi sur de larges sentiers, culminant à 590 m d'altitude. Des trouées permettent d'admirer la vallée d'Azergues.

1 A la sortie du parking, emprunter à droite la route qui traverse le village de Claveisolles en direction de La Neyret. Après la ferme de la Corcelle, poursuivre sur 100 m.

2 Prendre à gauche un large sentier pour gagner le bois de sapins.

3 Au carrefour, emprunter à gauche le sentier de crête sur 3 km pour atteindre Vigue (*au passage, remarquer la croix des Moines*).

4 A Vigue, prendre à gauche la route qui descend. Elle longe la voie ferrée située en contrebas.

5 Avant Pont-Gaillard, emprunter à gauche le chemin herbeux sur 100 m, puis bifurquer à droite entre les pâturages et atteindre Les Chazelles. Poursuivre tout droit par la route. A La Croix-Méplier, la route à droite permet de regagner Claveisolles.

Douglas géant. *Photo C.M./C.R.P.F.*

Situation Claveisolles, à 4 km au Nord de Lamure-sur-Azergues par la D 9

Parking entrée du village

Balisage sapin rose violacé

Ne pas oublier

À voir

En chemin

- croix des Moines
- points de vue
- tunnel hélicoïdal du chemin de fer (permettant aux trains de gagner 50 m d'altitude)

Dans la région

- Saint-Bonnet-le-Troncy : église XIXe, musée Jean-Claude Colin (ouvert du 14/04 au 27/10)
- Chamelet : village pittoresque fortifié

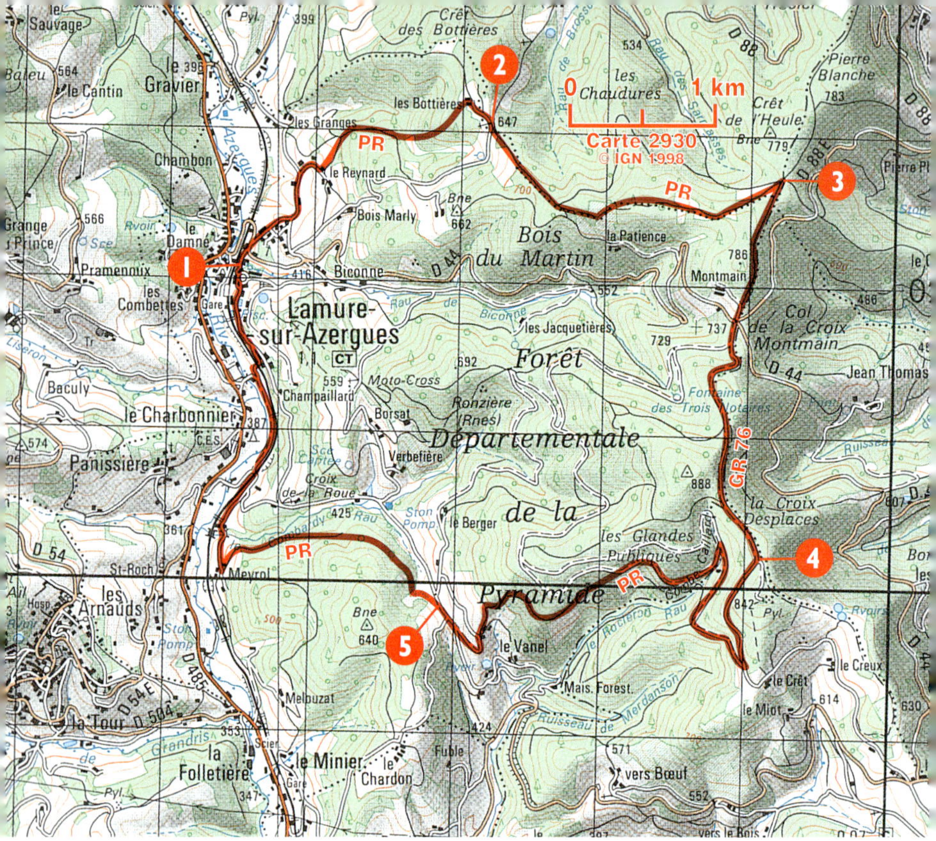

Sa fondation remonte aux Romains

Un mur qui obstruait autrefois la vallée d'Azergues, à la hauteur du village, est à l'origine du nom de La Mure, puis Lamure-sur-Azergues. La pyramide (888 m) est le point le plus haut de la commune.

Des fouilles effectuées de 1968 à 1971 ont mis à jour des fondations de bâtiments d'origine romaine du IIe siècle. Au pied de la Pyramide se trouvent deux sources, celle des Trois Notaires et celle dite « le Gor du Loup », servant d'abreuvoir non aux loups mais aux chevreuils et aux sangliers.
Au Sud du bourg, le coquet château de Pramenoux, ancien fief des Sires de Beaujeu a conservé quatre tours d'angle du XVe siècle. Le bâtiment principal est de style Renaissance avec une belle terrasse à l'italienne. On a bien rajouté des tourelles un peu partout mais l'ensemble a du cachet.

Château de Pramenoux. *Photo P.F.*

Circuit du Chevreuil

Fiche pratique **8**

4 h 30
17 Km

808m
380m 560m

On est au pied de la « Pyramide », fondement d'un temple des IIe et IIIe siècle au bord des rives de l'Azergues dominées par des montagnes boisées, des sources des « Trois Notaires » et du « Gor du Loup » servant plutôt aux chevreuils et aux sangliers.

1 Se diriger vers la voie ferrée, la traverser puis la longer vers le Nord sur environ 200 m. Prendre une route en direction du Nord-Est, traverser un lotissement et s'élever vers Le Reynard. Pénétrer en forêt et monter aux Bottières. Tourner à droite pour atteindre la croix Sarret.

2 S'engager dans un chemin montant vers le Sud-Est, puis bifurquer vers l'Est pour pénétrer dans le bois Ballandras et atteindre le GR® 76.

3 L'emprunter à droite, passer au col de la Croix-Montmain et parvenir à la croix Desplaces. Continuer sur le GR® 76 sur environ 400 m.

4 S'engager à droite sur une route qui rejoint une piste forestière ; l'emprunter à droite. Plus loin, prendre à gauche un sentier qui descend au Vanel *(ne pas oublier de fermer les barrières)*. De ce hameau, descendre jusqu'à la route.

Chevreuil. *Dessin P.R.*

5 S'engager à gauche dans un sentier forestier qui conduit à Meyrol. Prendre au Nord la route qui longe la voie ferrée ; la traverser. Continuer sur cette route entre l'Azergues et la voie ferrée qu'elle traverse à nouveau, puis passer devant la gare pour arriver au village.

Situation Lamure-sur-Azergues, à 34 km au Nord-Ouest de Villefranche-sur-Saône, par les D 504 et D 485

Parking sur la place du monument aux Morts

Balisage

1 à 3 rouge (en forme de tête de chevreuil)
3 à 4 blanc-rouge
4 à 1 rouge (en forme de tête de chevreuil)

À voir

En chemin

■ Forêt départementale de la Pyramide : vestiges du camp d'Auguel au sommet du mont de la Pyramide (888 m)

Dans la région

■ Grandris : église, chapelle du calvaire

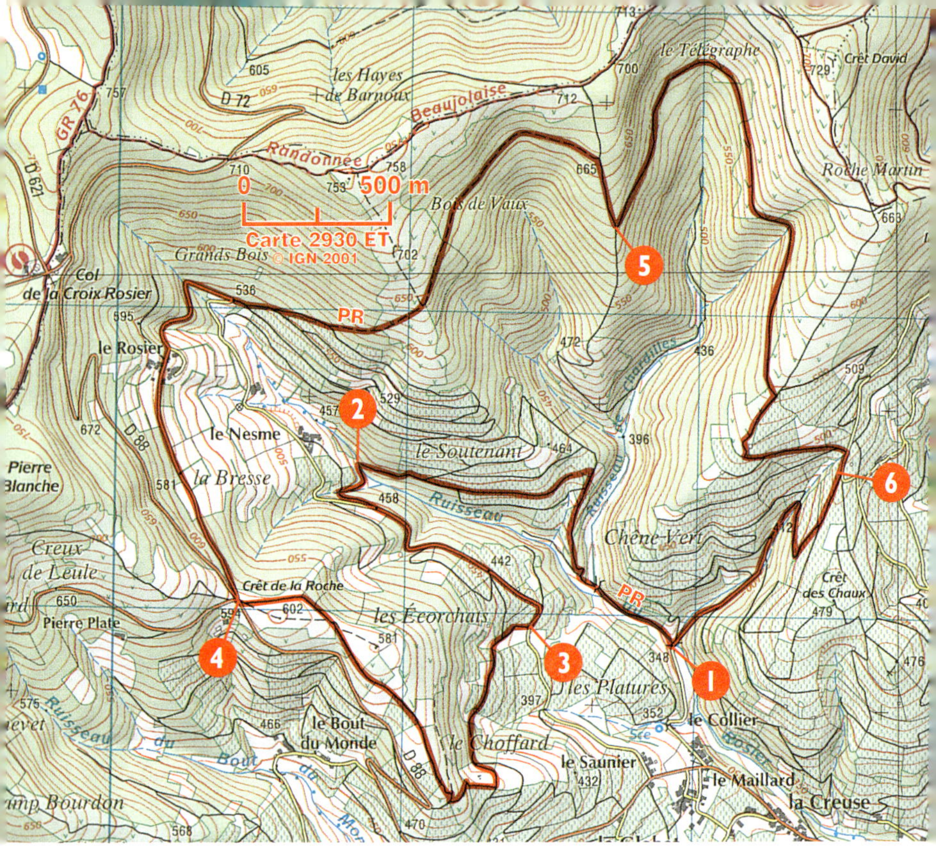

Les cadoles

Le terme de cadole désigne une construction implantée dans les vignes du Beaujolais et servant à l'origine d'abri au matériel des vignerons. Certaines ont conservé leur fonction et sont entretenues avec goût mais de nombreuses ont perdu toute utilité. Les cadoles n'ont aucune uniformité dans leur aspect et dans leur matériaux de construction ; certaines sont conçues avec du bois, d'autres avec des matériaux de récupération ou des pierres tirées de l'environnement immédiat montées avec du ciment ou simplement empilées. Certaines sont de modestes abris fermés sur trois côtés, d'autres sont équipées sommairement et permettaient de se restaurer et de dormir.

Cadole. *Photo E.P.*

Circuit des cadoles

Fiche pratique **9**

4 h • 12 Km

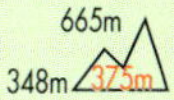

Situation Le Perréon, à 20 km au Nord-Ouest de Villefranche-sur-Saône par les D 43 et D 49

Parking le long de la route en impasse à partir de la croix Collier, 2 km à l'ouest du village par la D 88, après le hameau La Creuse

Balisage trait jaune et cadole

Vigne. *Dessin N.L.*

Ce circuit permet de découvrir, en alternance, des sous-bois, landes et vignes en coteaux entrecoupés de ruisseaux rafraîchissants. Dans les vignes, on trouve de nombreuses cadoles utilisées par les vignerons pour s'abriter et ranger le matériel.

1 Au pont du Chêne Vert *(pancarte Cadole)*, emprunter le sentier qui longe le ruisseau du Rosier. 500 m après, traverser un petit pont *(jonction avec un autre ruisseau)* et prendre à droite le deuxième chemin en montée sinueuse, qui mène à une zone de vigne. S'engager à gauche sur le troisième chemin, qui monte légèrement puis s'abaisse sur 700 m jusqu'au Rosier.

2 Traverser le ruisseau. Remonter jusqu'à la route du Nesme (cote 458), la descendre à gauche sur 700 m.

3 S'engager sur le chemin à droite, dominé par une cadole. Il s'élève, passe près d'une cadole en bon état et atteint un pré. Le contourner, se diriger à droite sur quelques mètres puis à gauche. Le chemin caillouteux traverse une lande semée de ronces et d'arbres rabougris. La végétation s'éclaircit. Parvenir sur la crête, puis la longer à droite jusqu'au crêt de la Roche.

4 Au carrefour, emprunter la route la plus à droite. Elle descend et traverse le hameau du Rosier. Dans l'épingle à cheveux, monter par le sentier bordé à gauche par des bois, à droite par des vignes. Après le bois de douglas, descendre à droite sur 300 m et atteindre une petite clairière.

5 Prendre le sentier à gauche sur 2 km. Emprunter la route à droite sur 100 m (*cadole au-dessus du carrefour*).

► Un chemin (balisage jaune et bleu) partant sur la gauche permet de rejoindre la mairie du Perréon, en passant par la Madone (476 m).

6 Descendre à droite par des chemins au milieu des vignes, continuer par la petite route et retrouver le point de départ.

Ne pas oublier

À voir

En chemin

- nombreuses cadoles
- flore des landes
- vignoble
- devant la mairie, départ de plusieurs autres sentiers jalonnés de cadoles

Dans la région

- Salles-Arbuissonnas-en-Beaujolais : prieuré
- mont Brouilly : point de vue, chapelle (lieu de pèlerinage pour les vignerons), vignoble
- Vaux-en-Beaujolais : clochemerle de Gabriel Chevallier

Claude Brosse a-t-il existé ?

Le personnage a-t-il existé ? On aurait pu en douter si Batillat dans son *Traité sur les vins de France*, puis dans *l'Almanach Bourguignon* et enfin Léonce Lex, archiviste départemental de Saône-et-Loire n'en avaient pas démontré l'existence.

Simple vigneron de Chasselas (on ignore encore exactement ses date et lieu de naissance) il n'hésita pas à entreprendre le voyage de Paris afin de faire connaître les vins de son pays. L'histoire - et donc pas la légende - raconte qu'il chargea deux barriques de son meilleur vin sur une charrette tirée par deux bœufs et arriva dans la capitale après un voyage de trente trois jours.

Photo B.P.

S'étant rendu à Versailles, il attira l'attention de Louis XIV par sa taille colossale, au cours d'une messe, et réussit à le convaincre de la qualité de son vignoble.

Les vins de Mâcon acquérirent dès lors leurs titres de noblesse et Claude Brosse mourut en laissant à ses nombreux enfants une fortune honnêtement bien méritée.

Circuit des trois trèfles

Fiche pratique 10

4 h 30
17 Km

868 m
386 m 570 m

Situation Grandris, à 5 km au Sud Ouest de Lamure-sur-Azergues, par les D 485 et D 504

Parking à droite, en montant vers l'hôpital et vers la mairie

Balisage

1 à 2 jaune
2 à 4 blanc-rouge
4 à 5 jaune
5 à 6 blanc-rouge
6 à 1 jaune

Profitez de ce parcours au dénivelé moyen pour visiter Grandris, mille habitants, « paroisse du Beaujolais » fief de Gondras et de La Gardette, avec d'intéressantes maisons, une église du XIXe, un calvaire et la chapelle d'un « hôpital » oublié.

1 Monter jusqu'à l'hôpital. Tourner à gauche derrière celui-ci en quittant la D 54. Monter une petite route jusqu'au Plat-Marsan et poursuivre tout droit en montant par un sentier jusqu'à la croix Neuve. Au carrefour de la croix, prendre le sentier le plus à gauche (Nord-Ouest) qui monte jusqu'au GR® 7.

2 L'emprunter à gauche, passer la Roche-des-Fées *(amas rocheux où les fées venaient danser)* et descendre jusqu'à la croix de Villard (partie goudronnée). Suivre la ligne de crêtes du GR® 7 jusqu'au col de la Cambuse. Traverser la D 94 et prendre en face sur environ 500 m.

3 Tourner à gauche, couper la D 504 puis, 200 m plus loin, s'engager à gauche dans un sentier menant à une intersection.

4 Prendre en face et parvenir à la croix des Aliziers. Continuer sur 500 m, puis rejoindre le GR® 7.

5 L'emprunter à gauche jusqu'à une intersection.

6 S'engager dans un sentier vers la Pierre Plantée. Juste avant le hameau, remonter vers le Chirat. Rejoindre au Sud la D 54 que l'on emprunte à droite sur environ 100 m. Par un sentier à gauche à flanc de coteau, passer sous les crêts Bizan et Charnas. Descendre à droite en direction du ruisseau du Gelay jusqu'à une route.

7 La suivre à gauche, contourner Le Barbichon et atteindre le hameau de Challière *(admirer le point de vue sur Grandris, la vallée d'Azergues et les monts du Beaujolais)*. Poursuivre vers le Nord, puis redescendre jusqu'aux Planches.

8 Prendre à gauche après le petit pont vers le hameau La Rivière. Remonter ensuite jusqu'au village de Grandris après avoir traversé la D 504 *(fontaine)*.

À voir

En chemin

■ Grandris : église, chapelle du calvaire ■ Challière : panorama sur la vallée d'Azergues, les monts du Beaujolais et du Roannais

Dans la région

■ Forêt départementale de la Pyramide : vestiges du camp d'Auguel au sommet du mont de la Pyramide
■ Chambost-Allières : église

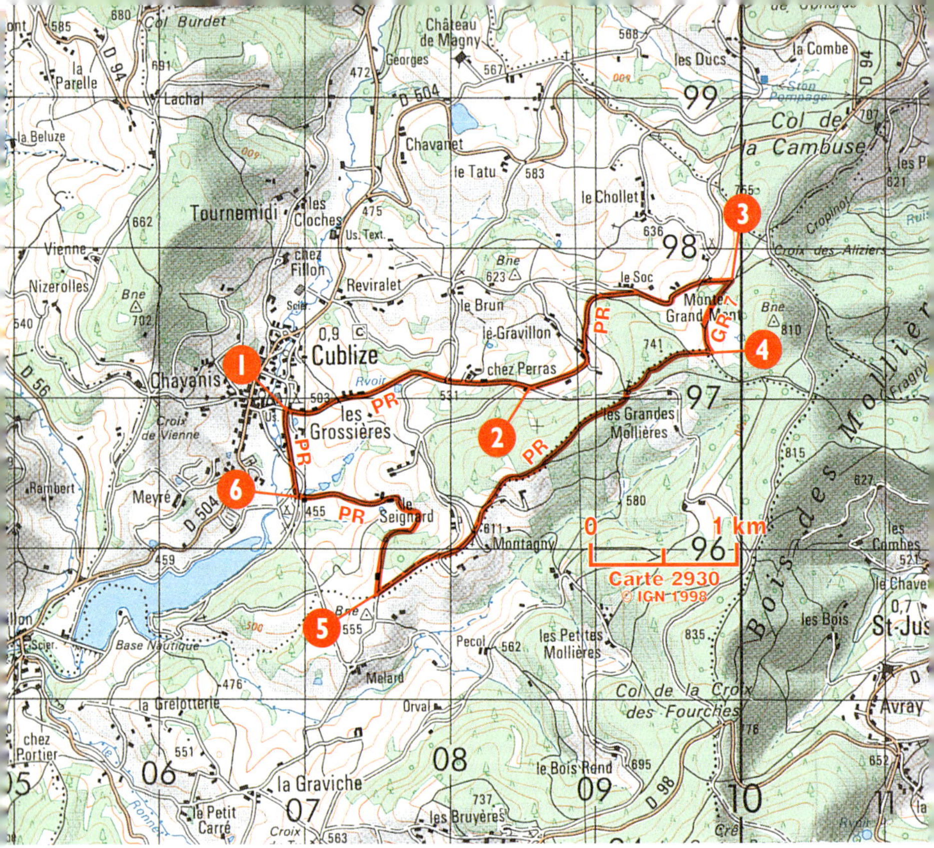

Un atout pour le Haut-Beaujolais

Créé il y a quelques années sur le territoire des communes de Cublize et de Ronno, le lac des Sapins, d'une superficie de quarante hectares, est géré par le SIVOM d'Amplepuis-Thizy. Il a profondément modifié le profil touristique de la région. Le site attire aussi bien les amateurs de voile, les pêcheurs que les baigneurs. Non loin du village de Cublize, on peut également admirer le château de Magny, ancienne maison-forte des XVe et XVIIe siècles où résida Vauban, qui accueille aujourd'hui les colonies de vacances de la ville de Lyon. Une chose est sûre : ce vaste plan d'eau du lac des Sapins est un formidable atout pour cette région du Haut-Beaujolais.

Lac des Sapins. *Photo P.F.*

Le lac des Sapins

Au départ de la petite ville cotonnière de Cublize dont on retient la présence des châteaux de Meyré et de Maguy, le circuit se situe dans un vallon, et bien entendu s'agrémente du lac récemment aménagé pour la pratique d'un tourisme calme et bienfaisant.

1 Emprunter la petite route montant aux Grossières. Passer près d'un réservoir, puis près du hameau Chez Perras.

2 Bifurquer à gauche ; 500 m plus loin, se diriger à droite vers Montet-Grand-Mont. Atteindre le GR® 7.

3 L'emprunter à droite sur environ 500 m.

4 Suivre à droite le sentier en direction du lac, passer à la croix du Gravillon. Plus loin, bifurquer à gauche. Le sentier sort de la forêt et descend à la croix de Montagny (611 m) *(point de vue sur la vallée du Reins)*. Continuer en face jusqu'à la Bûche.

5 S'engager à droite pour descendre au Seignard, puis parvenir à proximité du lac des Sapins.

6 Longer à droite le camping et retourner au point de départ de la randonnée.

Cublize, vue générale. *Photo P.F.*

Fiche pratique 11

3 h • 10 Km

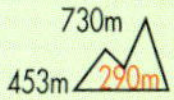

Situation Cublize, à 8 km au Nord-Est d'Amplepuis, par les D 10 et D 504

Parking de l'église de Cublize

Balisage

1 à 3 jaune
3 à 4 blanc-rouge
4 à 5 panneaux
5 à 1 jaune

À voir

En chemin

- Cublize : lac des Sapins
- Croix de Montagny : point de vue sur la vallée du Reins

Dans la région

- Amplepuis : château de Rochefort (XVIe-XVIIe)

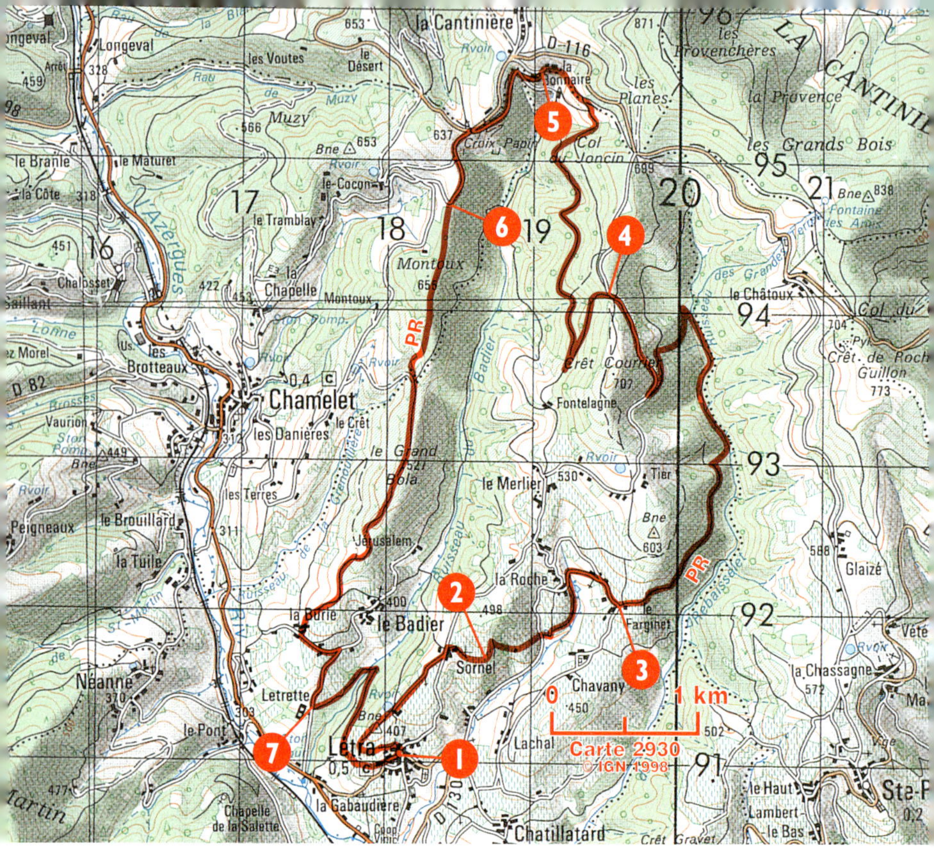

Les vins du Beaujolais

Le vin du Beaujolais peut devenir une sorte de chef-d'œuvre. C'est la terre qui différencie son devenir : plus ou moins granitique, schisteuse, grasse, rocailleuse, plus proche des sommets ou de la plaine, plus ou moins offerte au soleil, à la pluie, aux vents, etc. Des confins du Mâconnais à ceux du Lyonnais, toutes ces pentes orientées vers le soleil levant, produisent toutes sortes de ce vin qui a reçu son nom de la ville qui en occupe le centre stratégique : Beaujeu. On peut déguster toute une gamme de beaujolais chez le vigneron qui élève lui-même son vin et confie à une expérience, transmise souvent de génération en génération, le soin de doser les différentes étapes du pressage, de la fermentation, de la maturation en cuve et en fût et, enfin, la mise en bouteille.

Vignes autour de Létra. *Photo M.L. / CDRP69.*

Les Trois Vallons

Fiche pratique 12

5 h
18 Km

670m
320m 430m

Situation Letra, à 42 km au Nord-Ouest de Lyon par la D 485

Parking place de la Mairie

Balisage jaune

Ne pas oublier

Découvrez un joli village qui, en 1789, était sous l'autorité de la sénéchaussée du Beaujolais. A travers vignes et forêts, cette randonnée à la journée ménage de larges perspectives sur la vallée.

1 Monter par la rue centrale. Derrière l'église, se diriger deux fois à gauche pour trouver le chemin en balcon (*vue sur la vallée d'Azergues*). Bifurquer à droite entre les vignes et arriver à Sornel. A la dernière maison, s'engager à droite sur le chemin.

2 Ne pas descendre, mais rester à gauche entre vigne et taillis. Poursuivre dans le bois, puis dans les vignes. Couper la route. Le chemin remonte le vallon. Emprunter la route à droite sur 400 m.

3 Au Farginet, monter à gauche par le chemin bétonné (grille). Contourner la maison, aller à droite, quitter les vignes et continuer par le chemin en forêt sur 400 m. Laisser à droite le chemin qui descend et poursuivre sur 1,5 km. Le long du ruisseau, négliger les chemins à droite puis à gauche et longer un champ. Utiliser une sente à travers bois. Après un virage en épingle à cheveux, le chemin s'élève. Monter par la route à droite sur 700 m.

4 A la plate-forme, descendre en face par le chemin herbeux sur 600 m. Prendre à droite le chemin en sifflet sur 2,4 km et gagner Bonnaire.

► Tenir les chiens en laisse, élevage d'ovins et caprins en pâturage.

5 A la sortie du hameau, s'engager à gauche sur le sentier herbeux, sous une maison. Continuer par la route et arriver au carrefour de la Croix-Papin. Poursuivre vers Chamelet sur 700 m jusqu'à un virage serré à droite.

6 Traverser le terre-plein, prendre le chemin de crête sur 100 m, puis descendre à gauche pour contourner le Montoux par l'Est (*au passage, mare des Autrichiens creusée en 1814 pour abreuver les chevaux)*. Poursuivre en crête, retrouver les vignes, laisser à gauche le chemin qui descend au Badier et continuer par le chemin à droite jusqu'à La Burie. Emprunter à gauche la route sur 350 m. Au croisement, tourner à droite et gagner l'hôpital.

7 Face à la porte surmontée d'un arc, descendre à gauche par le chemin herbeux et franchir le pont. Monter à gauche puis à droite. Grimper par un sentier étroit, puis rester à gauche pour regagner Letra.

À voir

En chemin

■ Letra : cave coopérative ■ vues sur la vallée d'Azergues ■ vignoble et forêt ■ mare des Autrichiens

Dans la région

■ Oingt : village médiéval ■ Chatillon-d'Azergues : village et château-fort XIe ■ Chessy-les-Mines : église XIIe ■ Chazay-d'Azergues : musée archéologique ■ circuit des Pierres-Dorées

Animaux en Tarare

L'importance de la forêt et des taillis sur les monts de Tarare explique la présence d'une faune variée qui s'abrite et se protège sous le rideau des arbres.

Jeune fouine. *Photo F.C.*

Le chevreuil, cousin du cerf, mais de taille plus petite est bien représenté dans la région. Le mâle, appelé « brocard » se distingue de la femelle appelée chevrette, par la présence de bois ramifiés sur la tête. Ceux-ci tombent et repoussent tous les ans. Le cerf, qui perd également ses bois chaque année et dont la femelle est la biche, reste relativement rare ici.

Le sanglier, animal mythique et secret, de mœurs nocturnes n'est pas souvent visible, mais en observant les bas-côtés des chemins ou les prés alentours, il est possible de détecter sa présence par les marques qu'il laisse au sol.

Beaucoup d'autres espèces habitent ici : écureuils, martres, fouines, blaireaux, renards, belettes, grives ou merles, mais tout autant piverts, pics noirs, et une foule infinie de petits passereaux et de rapaces.

Circuit de la Sainte-Anne

Fiche pratique **13**

3 h
10 Km

867m
620m
300m

Promenade relativement facile et tranquille dans un secteur qui ne le fut pas toujours au cours des siècles, mais on en retient, si le temps le permet, de belles vues sur les Monts de Tarare, et pour les chanceux, sur les Alpes.

1 Descendre vers la place et s'engager dans le chemin de Goutte-Coine.

2 Passer entre l'immeuble et les maisons en cascade, remonter sur la D 8. Traverser la route et emprunter un chemin de terre qui la domine. Au carrefour, monter à gauche la route des Cassettes sur 200 m, puis prendre à gauche jusqu'en haut du lotissement. Bifurquer alors à droite sur un chemin en balcon *(vue sur la vallée et les monts du Tararois)*.

3 Descendre à droite. Aux Trois-Bornes, s'engager à gauche dans le chemin de terre qui descend à la ferme de Rivoire, puis remonter à gauche par le chemin goudronné. Au carrefour, prendre à gauche la route et dépasser la ferme de la Renardière.

4 Monter à droite le chemin de Sainte-Anne, puis à gauche celui-ci qui monte à travers bois et champs pour arriver sur le GR® 7 *(vue sur les monts de la Madeleine)*.

5 Suivre à gauche le GR® 7 *(vue sur les Alpes)* jusqu'à une intersection (816 m).

6 Prendre à droite jusqu'à une petite route que l'on suit à gauche.

7 Emprunter à nouveau le GR® 7 pour regagner le point de départ.

Mise au tombeau à la chapelle Notre-Dame-de-la-Roche. *Photo J.-C.C.*

Situation Les Sauvages, à 8 km au Nord-Ouest de Tarare, par la D 8

Parking près de l'église des Sauvages

Balisage

- 1 à 5 bleu
- 5 à 6 blanc-rouge
- 6 à 7 bleu-rouge
- 7 à 1 blanc-rouge

À voir

En chemin

- Les Sauvages : église, clef de voûte de l'ancienne chapelle des Tallebard à l'entrée du village
- Nombreux points de vue

Dans la région

- Notre-Dame-de-la-Roche : point de vue sur les Alpes
- Hameau de La Chapelle : vaste ferme qui n'est autre que l'ancien château des seigneurs de Tallebard de Sienne

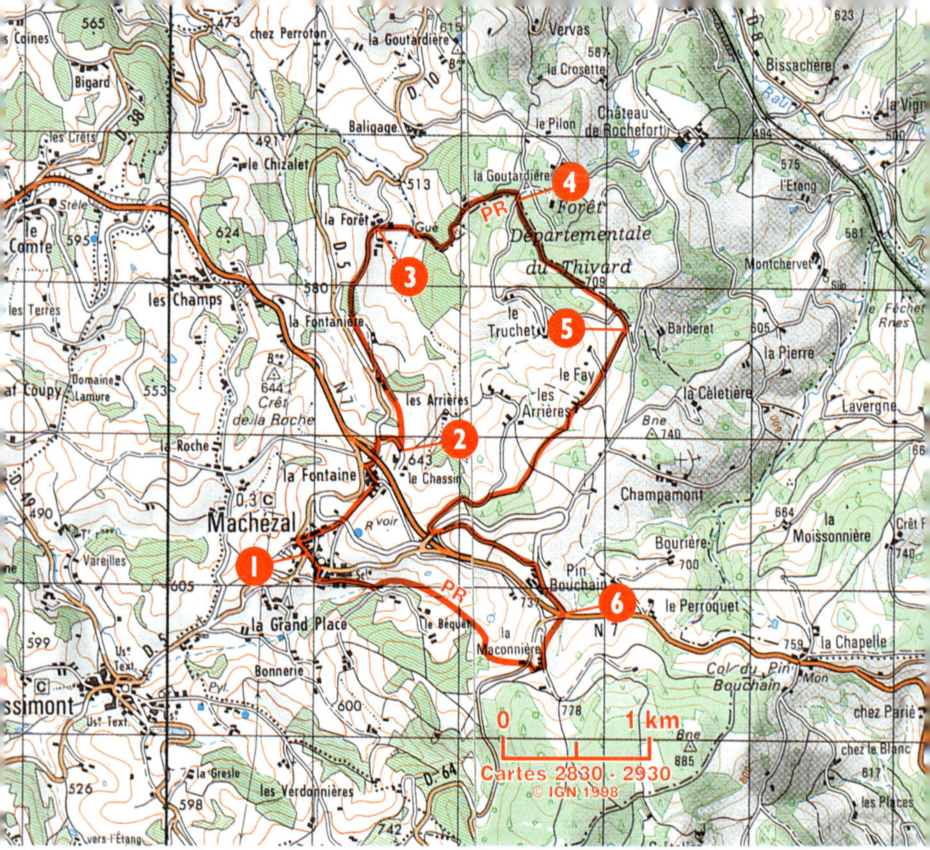

La forêt du Thivard

Rameaux de mélèzes. *Photo N.V.*

Essentiellement plantés de résineux, ses 82 hectares ont souffert de la tempête de décembre 1999. Une petite partie des panneaux du sentier botanique est restée debout.

Avec les reboisements, pour répondre à la volonté de diversification des espèces, la part des feuillus va augmenter, notamment dans les talwegs humides. La forêt est située à cheval sur les communes d'Amplepuis dans le Rhône et Machézal dans la Loire. Dans le Rhône, l'ONF gère principalement les forêts, propriété du conseil général comme la forêt du Thivard, alors que dans la Loire, il gère des forêts communales et de nombreuses forêts sectionnales, propriété des habitants d'un village. La part des forêts publiques est de 5 % dans le Rhône et de 6 % dans la Loire contre 40 % au niveau national.

La forêt du Thivard

Pin laricio. *Dessin N.L.*

Les pins laricio et le passage de Napoléon donnent un accent corse à cette balade sur les hauteurs. Entre forêts et prairies, les pierres dorées de l'église témoignent de l'architecture du Beaujolais.

1 Prendre la direction d'Amplepuis par la D 5 sur 100 m, puis monter à droite jusqu'à la croix (*vue à gauche sur les monts de la Madeleine et du Forez*). Couper l'ancienne N 7 et descendre à La Fontaine. Tourner à gauche et traverser le hameau. Emprunter la D 5 à droite, passer sous le pont de la N 7, poursuivre sur 100 m et monter par la route à droite.

2 Avant Le Chassin, descendre par le sentier le plus à gauche (*vue en face sur les monts du Beaujolais*). A la croix, près des Berchoux, emprunter le sentier champêtre à gauche et descendre jusqu'à La Forêt.

3 Dans le hameau, bifurquer à droite. Le sentier descend, traverse le vallon et gravit le versant opposé (*buis puis pins laricio à droite*). Suivre la route à droite sur 50 m.

4 Au panneau d'interdiction, monter par la laie à gauche dans la forêt du Thivard (*mélèzes à droite*). Emprunter la route sur 100 m.

5 Descendre à droite au Fay. Après le hameau, poursuivre par le chemin. A chaque intersection, aller tout droit. Monter par la route à gauche jusqu'à l'ancienne N 7. Virer à gauche, puis prendre le chemin derrière le parc de contention. Parcourir le hameau du Pin-Bouchain (*église en pierres dorées et stèle de Napoléon*). Traverser la N 7 (*prudence*) et continuer sur 20 m.

6 Monter à gauche et longer la clôture pour parvenir à La Maconnière. Dans le hameau, descendre deux fois à droite, couper la D 64 et descendre par le chemin entre la ferme et le muret en béton. Au lavoir, prendre la route à droite et retrouver le village.

Fiche pratique 14

3 h
12 Km

770m
520m
370m

Situation Machézal, à 28 km au Sud-Est de Roanne par les N 7 et D 5

Parking
mairie

Balisage
blanc-jaune
pastille orange

Difficulté particulière

- traversée de la N 7 entre 5 et 6

Ne pas oublier

À voir

En chemin

■ panorama ■ forêt du Thivard (buis, pin laricio, mélèze) ■ Le Pin-Bouchain : église, stèle Napoléon

Dans la région

■ Saint-Jean-Saint-Maurice : rues pavées, enceinte médiévale, gorges de la Loire ■ Saint-Symphorien-de-Lay : ancien relais de poste de la Tête Noire, viaduc et base de loisir de la Roche ■ Villerest : musée de l'Heure et du Feu, barrage, base nautique

Peluches, velours et tarlatanes

Tarare est la capitale de la mousseline, des voiles et des rideaux, un grand centre de tarlatanes, peluches et velours. Les Suisses avaient eu l'idée d'imiter en coton les tissus de laine de Mossoul en Turquie. Un toilier tararien du XVIIIe siècle alla les espionner et introduisit l'activité de la mousseline dans sa ville. Pendant la Révolution, Jean Moreau, un irlandais, fit adopter la navette volante permettant de tisser les étoffes de toutes largeurs; en 1836 le pays se lança dans le velours et la peluche (pour les chapeaux) ; en 1863, les premiers métiers mécaniques commencèrent à fonctionner. Dévoilée, la cité conserve une tour moyenâgeuse, un ancien couvent du XVIIe, et jouit d'un beau panorama sur les monts de Tarare.

Rue piétonne à Tarare. *Photo P.F.*

Boucle de Notre-Dame-de-la-Roche

Fiche pratique 15

4 h
12 Km

Situation Tarare, à 45 km au Nord-Ouest de Lyon par la N 7

Parking église Saint-André-du-Château

Balisage bleu

Chanterelles. *Dessin N.L.*

En quittant la cité industrieuse de Tarare, cette longue promenade s'effectue dans un cadre calme, champêtre et boisé. Au site marial de Notre-Dame-de-la-Roche, profitez d'un large panorama qui s'étend jusqu'aux monts du Forez.

1 Du parking, suivre la rue des Ayets (panneau en bois à gauche). Longer le cimetière par la gauche et continuer par la route qui monte sur 1,5 km jusqu'à un virage très marqué à gauche.

2 A 20 m, ne pas entrer dans la partie privée, mais monter à droite par le chemin herbeux en retour. Rester sur le chemin principal sur 3 km et gagner Le Charpenay. Prendre la route à gauche sur 300 m.

3 S'engager à droite sur le sentier qui mène à la statue de Notre-Dame-de-la-Roche (*panorama sur Les Sauvages et les monts du Forez*). Descendre, passer devant les ateliers du CAT et continuer par le chemin sur 200 m.

4 Bifurquer à droite. En vue de Beaumangu, descendre à droite le long des fermes. Prendre la route à gauche sur 200 m, monter par le chemin à gauche et poursuivre par le chemin principal en ignorant les descentes à droite. A 1,7 km, laisser une plate-forme à droite et continuer la descente.

5 Au carrefour goudronné, obliquer à gauche pour gagner la chapelle Notre-Dame-de-Bel-Air (*vue plongeante sur Tarare*). Au bout du muret, descendre à droite par le chemin herbeux qui longe un bois de sapins, puis tourner à droite. Emprunter la route à gauche sur 20 m.

6 Prendre le chemin à droite sur 400 m, puis virer à gauche en angle aigu sur le chemin en balcon au-dessus des prés. Contourner une maison par la gauche. Dans le quartier d'Auxerre, poursuivre tout droit le long du mur de pierre. Aboutir sur une route plus importante et continuer à gauche pour arriver à l'église Saint-André.

Ne pas oublier

À voir

En chemin

■ Notre-Dame-de-la-Roche : statue (œuvre du lyonnais Fabisch), vue panoramique ■ chapelle Notre-Dame-de-Bel-Air : point de vue sur Tarare

Dans la région

■ Amplepuis : musée Barthélemy Thimonnier (machines à coudre) ■ Chambost-Longessaigne : élevage de lamas ■ Ternand : bastion fortifié, crypte (fresques IXe-XIe) ■ Cublize : lac des Sapins

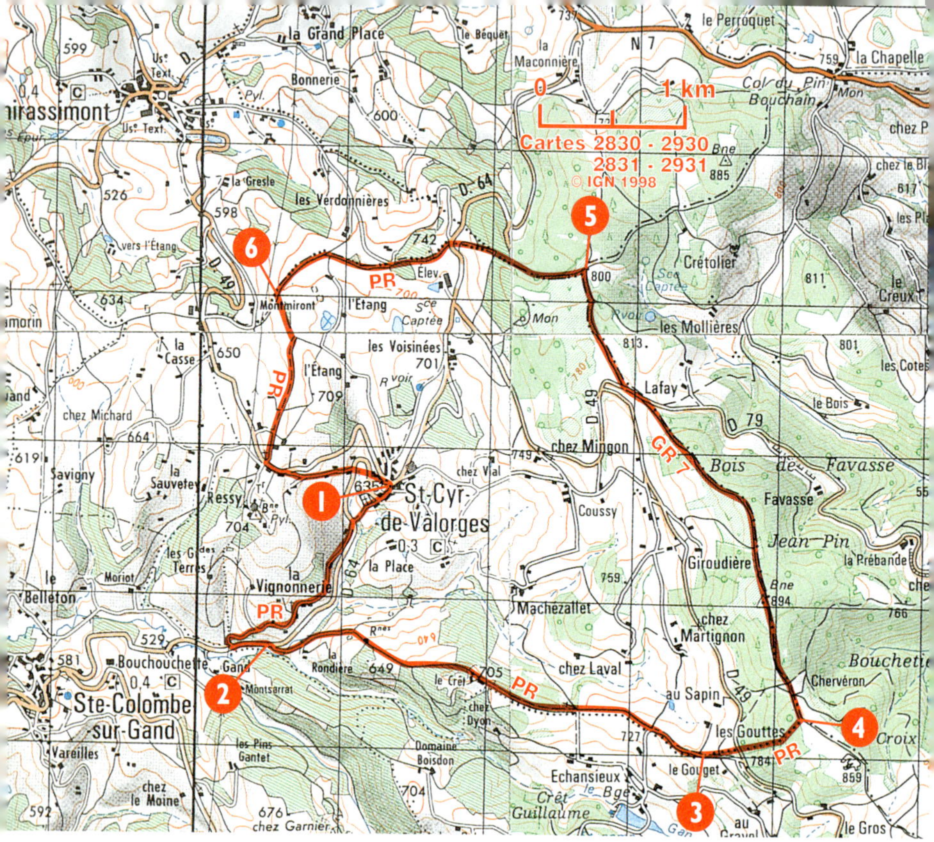

Un avion dans la nuit du 28 avril 1944

Alertés par Radio-Londres, les Résistants de Tarare montèrent vers Saint-Cyr pour attendre un largage d'armes. Vers minuit, un premier appareil effectua le lâcher des containers assez loin du but. Vers 3 heures du matin, le second avion vint percuter le sommet du plateau, se déchiqueta et prit feu. L'intensité du brasier empêcha tout secours et les Résistants pensèrent qu'il n'y avait pas de survivants. En fait, trois aviateurs sautèrent en parachute côté Loire : l'un, blessé, fut arrêté par les Allemands, et les deux autres, cachés, regagnèrent Londres à la mi-juillet. L'un des rescapés revint à Saint-Cyr en 1964 pour un solennel rendez-vous du souvenir. En son honneur, la place du village s'appelle James Heddelson et une stèle élevée au lieu de l'impact commémore cette nuit tragique.

Photo R.L. / CDRP42.

Circuit de Valorges

Fiche pratique **16**

4 h
15 Km

894m
540m 390m

Situation Saint-Cyr-de-Valorges, à 55 km au Nord-Ouest de Lyon par les N 7 et D 64

Parking église

Balisage

1 à 4 blanc-jaune lettre Z
4 à 5 blanc-rouge
5 à 1 blanc-jaune lettre Z

Ne pas oublier

Depuis des vallons très marqués, le circuit grimpe à travers prés pour rejoindre les crêtes boisées où les essences se déclinent avec l'altitude en une myriade de variétés d'arbres et de plantes.

Digitale pourpre.
Dessin N.L.

1 Dévaler la route puis le sentier à gauche de la croix. Traverser le ruisseau puis la D 64 et monter par la route de La Vignonnerie. Redescendre tout droit. Prendre la D 64 à gauche sur 200 m.

2 Poursuivre par la sente entre la route et le Gand. Franchir le ruisseau et monter par la route jusqu'au Crêt. Gravir la piste et longer un parc à daims. Aller tout droit et descendre en lisière. A la croix Laurent, monter par la piste en face.

3 Au bosquet, obliquer à droite, puis grimper le chemin à gauche. Emprunter la D 49 sur 60 m à gauche et grimper par le layon à droite dans la forêt de résineux puis de feuillus. Aller au-delà de la ligne de crête.

4 Suivre le chemin (GR® 7) à gauche. Monter dans la forêt et continuer par la ligne de partage des eaux entre l'océan Atlantique à l'Ouest et la Méditerranée à l'Est (*la tempête de 1999 a ouvert de larges points de vue sur les Alpes à droite et les monts du Forez à gauche*). Descendre par la route à gauche sur 150 m et prendre l'allée à droite jusqu'à la zone de loisirs (*plan d'eau*) de Valorges (*toilettes, aire de pique-nique*). Continuer dans la forêt par le chemin.

5 A l'intersection des Quatre-Chemins, tourner à gauche. Passer près de la croix Bourrue (*érigée en 1789*), croiser la D 64 et continuer en face par le chemin de terre.

6 Avant la descente et la ligne haute tension, prendre le chemin à gauche en direction de la tour de Ressy (vestiges du donjon d'une ancienne place forte du XIIIe siècle). Emprunter la D 49 à gauche et descendre par la petite route à droite. Couper deux fois la D 64 pour regagner Saint-Cyr-de-Valorges.

À voir

En chemin

- plan d'eau de Valorges
- points de vue
- châteaux de Ressy et de Saint-Cyr

Dans la région

- Saint-Priest-la-Roche : château au bord du lac de Villerest
- Fourneaux : jardins à la française du château de l'Aubépin
- Pommier-en-Forez : château, prieuré, pont romain

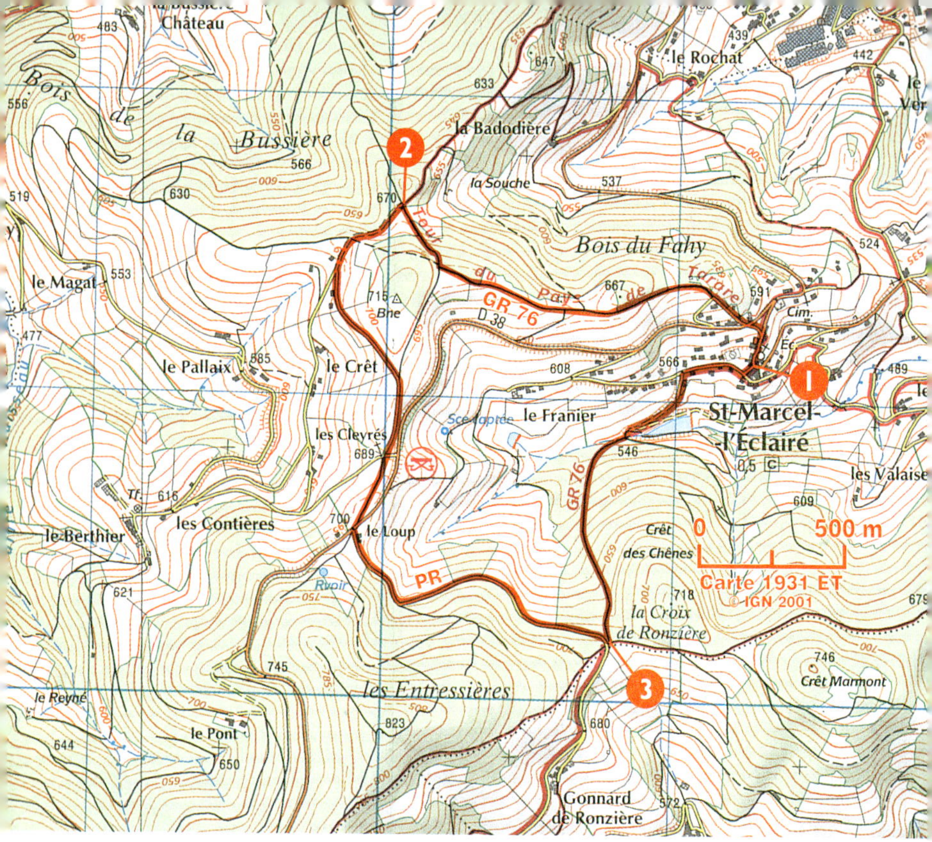

Les monts de Tarare

Musée consacré à Barthélémy Thimonnier.
Photo B.P.

La route dite « de crête » permet la découverte de ces monts qui offrent de belles échappées sur de profonds vallons et de sombres bois de sapins.

Le col du Pilon domine à 750 m d'altitude et la bourgade de Saint-Apollinaire reste un centre important de sylviculture beaujolaise. Amplepuis est la ville où vécut Barthélémy Thimonnier, l'inventeur de la machine à coudre et le musée présente à l'aide de modèles français et étrangers une rétrospective de l'histoire de cette machine. Mais on découvre aussi des collections de fers à repasser, d'objets de travail de couturières, de blanchisseuses, et encore un lot important de cycles anciens, plus récents... et actuels !

Circuit de Saint-Marcel-l'Eclairé

Fiche pratique **17**

2h20
7 Km

701m
550m 160m

Ce bref parcours qui se déroule aux alentours méridionaux de Tarare, tout proches, offre un beau panorama sur des coteaux boisés, la découverte de fermes accueillantes et un sublime coup d'oeil sur le château restauré de la Bussière, du XIIIe.

1 Emprunter le GR® 76 en direction du cimetière. Se diriger ensuite vers le bois du Fahy que l'on longe vers l'Ouest. Parvenir à une intersection.

2 S'engager à gauche dans un chemin jusqu'au chalet situé à droite. A ce croisement, prendre le chemin de gauche jusqu'à la croix *(point de vue)*. Poursuivre en face par un chemin de terre jusqu'au hameau Le Loup. Traverser la D 38, passer derrière la maison et arriver à une intersection (la croix de Ronzière).

3 Suivre à gauche le GR® 76 qui pénètre en forêt et permet de regagner le village de Saint-Marcel-l'Eclairé.

Saint-Marcel-L'Eclairé. *Photo J.-C.C.*

Situation Saint-Marcel-l'Eclairé, à 3 km au Sud de Tarare, par la D 38

Parking de la place J.-E. Rochard, en face de l'église

Balisage

1 à 2 blanc-rouge
2 à 3 bleu
3 à 1 blanc-rouge

À voir

En chemin

- Saint-Marcel-l'Eclairé : église
- Point de vue sur la ville de Tarare

Dans la région

- Tarare : église Saint-André, église Sainte-Madeleine (XIXe)
- Chapelle de Grévilly : vue sur la vallée de la Turdine

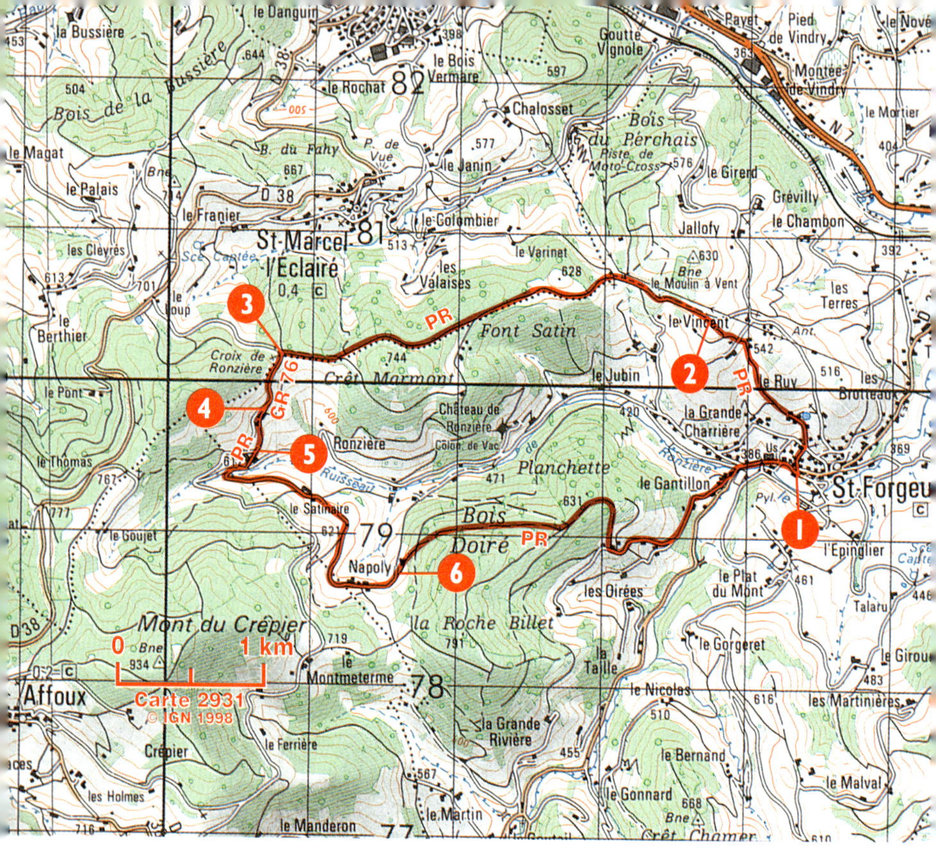

Un célèbre ex-centre de pélerinage

La commune qui compte plus de 1200 habitants s'appelait Saint-Férréol au XIIe siècle, déformé en Saint-Forgey, puis Saint-Forgeux, ancien marquisat et paroisse à la fois en Lyonnais et en Beaujolais. L'église rebâtie en style gothique tardif sous la Restauration, et agrandie à la fin du XIXe siècle, possède une cloche du XVIe siècle classée. L'entrée du presbytère est le monumental portail de pierres dorées de l'ancienne église, du XVe siècle de style gothique tardif. Le cimetière comporte l'imposante chapelle funéraire de la famille d'Albon qui donna sept abbés à la prodigieuse abbaye de Savigny. La merveilleuse chapelle de Grevilly, qui fut paroisse jusqu'au XVIIIe siècle, est située sur un plateau, avec une vue admirable sur la vallée de la Turdine. Célèbre centre de pèlerinage, elle conserve son portail du Moyen Age. Précédée d'un auvent et surmontée d'un clocheton, elle comporte une seule nef séparée du choeur par un arc. Dans ce choeur voûté, un retable surmonte l'autel, tous deux étant de bois peint.

Chapelle de Grévilly. *Photo B.P.*

Balade à Ronzière

Fiche pratique 18

3 h
11 Km

692m
380m 370m

Situation Saint-Forgeux, à 10 km au Sud-Est de Tarare, par les N 7 et D 27

Parking place de la mairie

Balisage
1 à 3 bleu
3 à 4 blanc-rouge
4 à 5 bleu
5 à 1 bleu-rouge

Lièvre. *Dessin P.R.*

Au départ, c'est Saint-Forgeux qu'il faut savoir découvrir avec ses édifices religieux remontant au XIIe mais au long du circuit, on appréciera aussi ces paysages moitié beaujolais, moitié lyonnais, ainsi que les premières et encore timides vignes des Côtes du Rhône.

1 Grimper au château d'eau par la route à droite, puis au Vincent.

2 Tourner à gauche en direction du Moulin à Vent. A un calvaire, bifurquer à gauche. Plus loin, le chemin pénètre en forêt, passe au Nord du Crêt Marmont et atteint une intersection (la croix de Ronzière).

3 Emprunter le GR® 76 à gauche sur environ 300 m.

4 Quitter le GR® pour passer entre les maisons.

5 Atteindre Gonnard-de-Ronzière. Suivre ensuite la route à gauche vers l'étang, il passe au Satinaire et conduit au Napoly. Poursuivre après ce hameau sur environ 100 m.

6 Bifurquer à droite et pénétrer dans le bois Doiré. Le traverser puis déboucher sur une petite route que l'on suit à gauche pour atteindre Le Gantillon. Emprunter alors la D 27 qui traverse le ruisseau de Ronzière et mène au point de départ.

Monts du Tarare depuis la crête du Mont Popey. *Photo B.P.*

À voir

En chemin

- Saint-Forgeux : église rebâtie en style gothique tardif sous la restauration, possède une cloche du XVIe

Dans la région

- Chapelle de Grévilly : vue sur la vallée de la Turdine
- Tarare : église Saint-André, église Sainte-Madeleine (XIXe)

La Truche

Site archéologique. *Photo R.L. / CDRP42*

Au-dessus du crêt de la Côte se trouve le site de la Truche. C'est un ensemble de murailles formant une enceinte avec une large entrée. Les murs ne révèlent l'existence d'aucun ciment ou pisé et l'ajustement de pierre est soigné. A l'intérieur, on remarque la présence de deux niches. Tout autour se trouve un chemin de ronde. Des murs aujourd'hui démolis traversaient la vallée et remontaient sur l'autre versant. Le matériel trouvé dans la vallée de la Truche montre que ces lieux ont été occupés à différentes époques : silex taillés datant du Néolithique, parties d'amphores, tuiles et tuyaux romains, briques à four, poterie noirâtre et vernissée ; ces objets se trouvent au mini-musée de Violay. Les murailles pourraient être des oppidas celtiques (camps militaires) ; d'autres archéologues pensent qu'elles servaient à parquer les troupeaux. Le mystère reste à élucider.

Circuit de la Truche

Fiche pratique **19**

3 h
10 Km

840m
646m 300m

A La Truche, ont été découverts des silex vieux de 40 000 ans, un oppidum celtique et des amphores romaines. La succession de bois et vallons près des sommets attirent aujourd'hui le randonneur.

1 A la mairie, aller à droite et descendre vers Balbigny. Au rond-point, poursuivre par la D 1, puis obliquer sur la route à gauche vers Morillon. Croiser une route et, dans la courbe, monter par le chemin à droite. Laisser le chemin à gauche.

2 Monter à droite. A la borne incendie, descendre à droite. Face à la ferme, virer à gauche. Longer la D 1 sur 20 m, continuer par les bois, puis emprunter la D 107 à droite. Se diriger à gauche vers le restaurant et descendre à droite pour croiser la D 1. Poursuivre la descente dans les bois. Franchir une chicane.

3 Tourner à droite, franchir le Grand Ruisseau et, après l'autre chicane, monter par le sentier à gauche. Suivre la piste à gauche et, après la maison, monter à droite. Prendre la route à droite.

4 Au croisement des Quatre-Croix, descendre par la route à gauche sur 250 m, puis par le chemin d'Echansieux à droite. Emprunter la route à droite, passer l'étang et grimper en face.

5 Après la première maison du hameau, suivre la route à droite à flanc de pente. Continuer par le chemin à droite le long de la vallée du Gantet. Au début de la remontée, laisser le sentier de l'ancien moulin Giroud à droite, puis gravir la route à gauche.

6 Après la première maison, s'engager sur le chemin à droite. A La Truche, suivre le troisième chemin à droite, juste avant la route. Passer la croix de la Truche puis un ruisseau et continuer en lisière du bois. Monter à droite et entrer dans le site de la Truche (*où furent découverts des silex vieux de 40 000 ans et divers objets romains comme des amphores, des tuiles...*). Monter au carrefour (*vue à droite sur la plaine et les monts du Forez*).

7 Avant la D 49, descendre par la route à droite, puis remonter au village par la chapelle Saint-Roch.

Situation Violay, à 50 km à l'Ouest de Lyon par les N 7, D 14 et D 1

Parking
mairie

Balisage
blanc-jaune V 10

Ne pas oublier

À voir

En chemin

- moulin Giroud
- site archéologique de la Truche
- point de vue

Dans la région

- Violay : tour Matagrin (point culminant des monts du Lyonnais)
- Néronde : tour du Père Coton, atelier du potier, table d'orientation

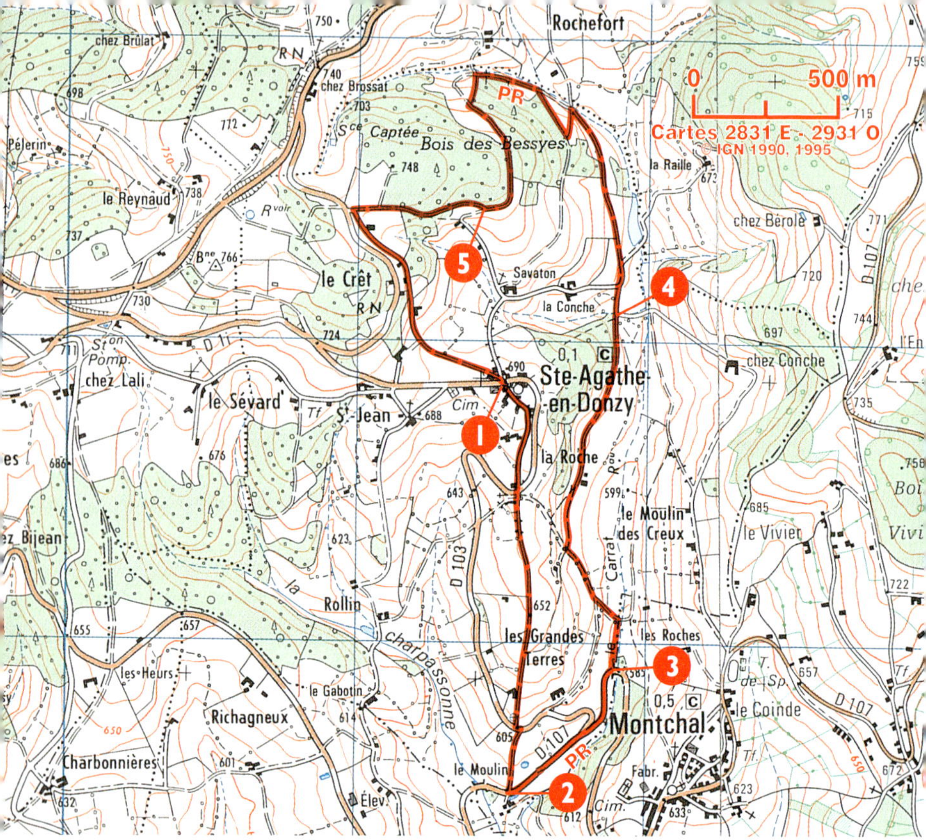

Les sobriquets

Au siècle dernier, les habitants des communes de la région avaient tous des sobriquets. Si dans chaque village, les anciens se souviennent de ces sobriquets, on n'en connaît pas l'origine. Des listes de surnoms collectifs ont été publiées à plusieurs reprises. Ces surnoms étaient généralement péjoratifs et traduisaient l'esprit malicieux des populations. Lors des foires ou des fêtes patronales, on se battait volontiers après s'être traité d'âne, de loup, de renard, de cochon, de hérisson, etc. Les habitants de Sainte-Agathe étaient les belettes. En souvenir de cette tradition, la belette a été choisie comme emblème du groupe de marche local et comme signalisation du sentier botanique. Les sobriquets sont maintenant dans le domaine du folklore.

Belette. *Dessin P.R.*

Boucle du Carrat

Fiche pratique **20**

2h20
7 Km

742m
580m 170m

Dans la verdure de la vallée du Carrat, ce circuit emprunte le sentier botanique de la Belette avec ses 60 espèces végétales répertoriées et longe un charmant ruisseau dont l'eau actionnait quatre moulins à farine.

1 Rejoindre l'église, passer devant la salle des fêtes et descendre par la petite route. Traverser la D 103 et continuer en face par le chemin. Couper à nouveau la D 103 et arriver au moulin.

2 Suivre la D 107 à gauche en utilisant le large accotement sur 600 m jusqu'à un ancien lavoir (*construit à l'emplacement d'un moulin à eau*).

3 Quitter la route pour monter à gauche en bordure du bois, puis tourner à gauche. Traverser la rivière du Carrat, continuer à droite et, après une légère côte, emprunter à droite le chemin plat entre les prés.

4 S'engager sur le sentier botanique de la Belette (*remarquer, à droite, une maisonnette et un plan d'eau situés à l'emplacement du premier moulin sur le Carrat*). Continuer entre les haies, longer le bois des Bessyes, puis le traverser. Grimper ensuite en lisière de forêt pour arriver sur un large chemin plat, près d'une modeste table d'orientation (*le panorama s'étend sur les monts du Lyonnais, du Forez, du Pilat jusqu'au Mézenc par temps clair*).

5 Continuer par le sentier qui s'élève en pente douce. Avant la D 1, redescendre à gauche par le chemin goudronné (*près d'une croix en fer, remarquer une demeure datant de l'époque révolutionnaire avec, sur la façade, un cadran solaire*) et poursuivre jusqu'au village (*la fontaine surmontée d'une belette rappelant le sobriquet autrefois donné aux habitants de Sainte-Agathe permet d'étancher sa soif ; à l'église, les statues de sainte Agathe en pierre, et de saint Joseph en plâtre, sont les œuvres du sculpteur Jean-André Delorme, né en 1829 et mort en 1905 dans la commune ; possibilité de voir le médaillon de l'artiste sur sa maison natale*).

Epilobes. Photo M.M. / CDRP42.

Situation Sainte-Agathe-en-Donzy, à 57 km à l'Ouest de Lyon par les N 7, D 14, D 1 et D 103

Parking salle des fêtes

Balisage

1 à 4 blanc-jaune avec logo
4 à 1 belette

Ne pas oublier

À voir

En chemin

■ moulin de Maître Marcel (visite possible sur rendez-vous) ■ sentier botanique de la Belette ■ table d'orientation

Dans la région

■ Bussières : musée du Tissage et de la Soierie
■ Saint-Marcel-de-Félines : château XVIe ■ Montchal : maison de l'Histoire locale

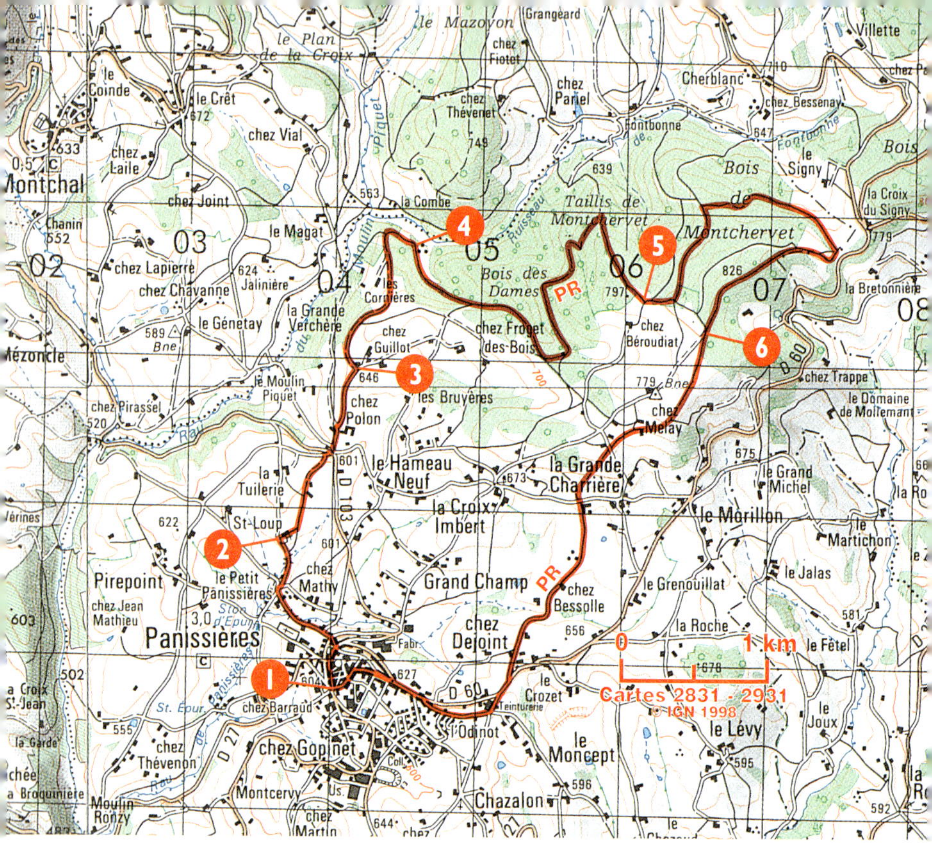

Le tissu de cravate panissièrois

Métier à tisser au musée de la Cravate de Panissières. *Photo R.L. / CDRP42*

Le tissage est ici une activité millénaire car le chanvre y était cultivé dès le IXe siècle pour fournir une solide toile destinée aux habits et au linge. La fourniture de vêtement pour les armées napoléoniennes rendra le pays prospère. Après Waterloo, la reconversion, liée avec les grandes soieries lyonnaises, portera sur les tissus pour robe, les cravates, l'ameublement, les corsets… Depuis un demi-siècle, le tissu de cravate a pris de l'importance au sein des activités textiles. Il s'agit de la soie lourde façonnée vendue dans le monde entier notamment pour réaliser les cravates des clubs sportifs. Le rugby et le cricket remplacent peu à peu le football. Seul le musée de la cravate et du damassé témoigne de cette activité.

Le Panorama

Fiche pratique 21

Mésange charbonnière. Dessin P.R.

Entre vert pâturage et vert sapin, le sentier se déroule sur les croupes arrondies au-dessus de Panissières. La capitale des Montagnes du Matin présente un patrimoine pittoresque aussi divers que le monorail et le musée de la Cravate.

1 Partir par la rue de la République et descendre à gauche par le chemin des Roches pour passer sur un pont de pierre. Poursuivre par la route jusqu'au Petit-Panissières. A la croix, prendre la route à droite, puis bifurquer sur celle de gauche.

2 A la chapelle Saint-Loup, s'engager sur la piste à droite. Croiser la D 103 et monter par la route en face sur 600 m.

3 A l'entrée du hameau Chez-Guillot, prendre le chemin à gauche sous la première maison. Continuer à travers champs puis dans les bois jusqu'aux ruines.

4 Monter par la laie à droite. Près de la lisière, virer à gauche pour traverser le fond de la combe. Partir à gauche dans le bois des Dames. A la première fourche, aller à droite et, à la deuxième, se diriger à gauche. Monter par la piste à droite sur quelques mètres, puis tourner à gauche. Gravir à droite le chemin sur la croupe déboisée, puis continuer dans les prés (*vue sur les monts du Forez à droite*).

5 Monter à gauche sur 250 m, puis entrer à gauche dans le bois de Montchervet. A l'intersection, descendre à droite sur 300 m. Virer deux fois à droite.

6 A l'orée du bois, descendre par le chemin à gauche (*face à la plaine et aux monts du Forez*) et couper deux routes. Le chemin s'abaisse en pente douce sur une croupe et traverse le hameau Chez-Bessolle. Après le ruisseau, monter, prendre la D 60 puis, avant la teinturerie, bifurquer à gauche et tourner à droite. Poursuivre par la place de la Liberté puis la rue de la Liberté, pour retrouver le point de départ.

4 h • 16 Km

805m / 562m / 380m

Situation Panissières, à 48 km au Nord de Saint-Etienne par les N 82, D 89 et D 60

Parking office de tourisme (place de la Mairie)

Balisage blanc-jaune P 16

Ne pas oublier

À voir

En chemin

- chapelle Saint-Loup XVIIe
- vue sur les monts du Forez
- Panissières : locomotive du monorail, musée de la Cravate

Dans la région

- Pouilly-lès-Feurs : église romane XIe, prieuré bénédictin, fortifications
- Jas : village fleuri, table d'orientation
- Feurs : musée D'Assier (archéologie, histoire, arts et traditions populaires)
- Salt-en-Donzy : église romane

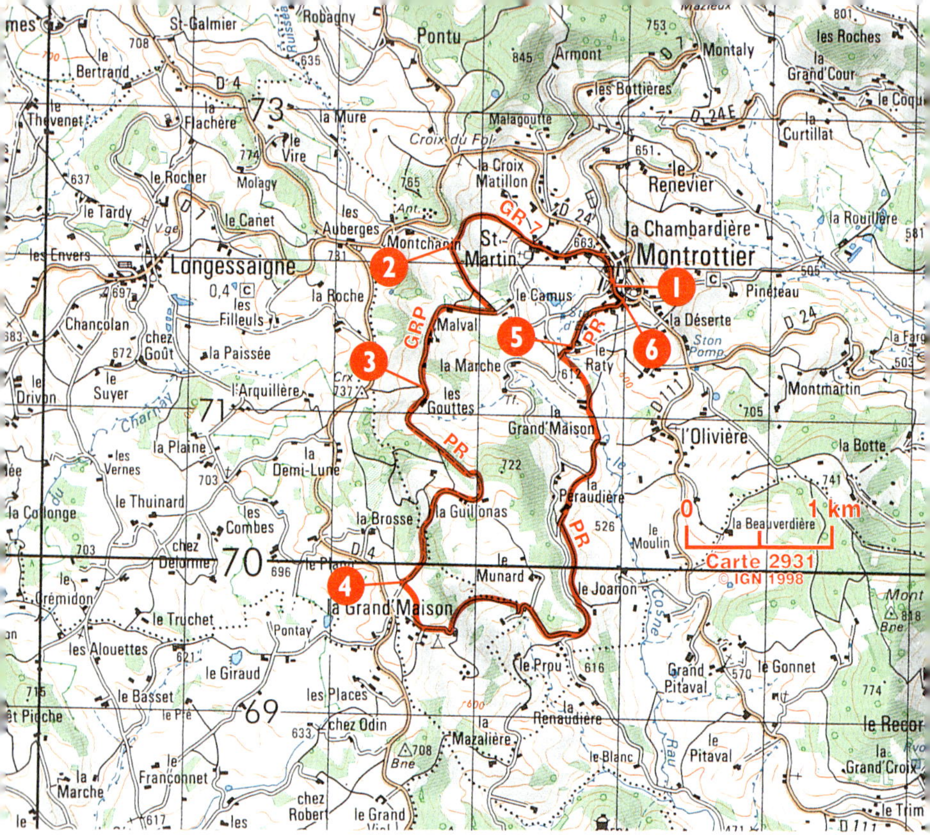

Montrottier a-t-elle connu Jacques Cœur ?

Montrottier. *Photo P.F.*

La légende dit que les châteaux de La Roullière, de Montrottier et de Saint-Laurent-de-Chamousset étaient autrefois reliés par des souterrains. Celui de Montrottier avait été construit au 10e siècle par l'abbaye de Savigny, celui de La Roullière, avec des murs très hauts, soutenus par des contreforts et troués de meurtrières daterait de Jacques Cœur. Le portail est curieux avec ses deux battants immobiles et deux autres, mobiles, surmontés d'un fronton au centre duquel un écusson porte les lettres D.L.G. qui peuvent se lire des deux côtés. La tour carrée est encore belle avec son toit surmonté d'un pignon et ses murs troués de hautes fenêtres aux petits carreaux. A l'intérieur, subsistent encore de beaux plafonds à la française et quelques boiseries.

Circuit des Grand-Maisons

Fiche pratique 22

3 h
9 Km

732m
550m 260m

Rien que la visite de Montrottier, la vue de ses deux châteaux, de ses halles et de son presbytère, et celle de Saint-Laurent-de-Chamousset, pour ses deux châteaux également, justifient la fréquentation de ce circuit agrémenté par des sentiers de vignes et de merveilleuses allées de peupliers.

1 Rejoindre le GR® 7 qui emprunte la D 24 pour quitter le centre du village, puis tourner à gauche vers Saint-Martin. Au cœur du hameau, l'itinéraire part sur la droite, emprunte une allée bordée de peupliers et monte le chemin de la « Rouée » (autrefois emprunté par les diligences).

2 A Montchanin, prendre sur la gauche le chemin qui débouche au Camus sur une route. La prendre sur la droite et traverser Malval.

3 Poursuivre sur la route, passer Les Gouttes et La Guillonas et atteindre un carrefour en ligne de crête.

4 Prendre à gauche vers La Grand-Maison-de-Longessaigne, passer près d'un camping *(vue sur le château de Chamousset)*. Après le camping, un chemin descend en pente douce sur une petite route qu'il traverse pour gagner le vallon. Au-delà du torrent, par le sentier sur la droite, on rejoint le carrefour du Prou *(croix de pierre jaune et ancien puits)*. Prendre la direction de Montrottier. Suivre la route 300 m, puis le chemin parallèle pour gagner La Péraudière. Traverser le confluent de deux rus qui forment le Cosne et via la Grand-Maison-de-Montrottier *(construction imposante)* rejoindre Le Raty.

5 Sur la gauche, par une pente soutenue, rejoindre le GR® 7.

6 Regagner le point de départ du circuit.

Ferme de Chamousset. *Photo B.P.*

Situation Montrottier, à 8 km au Nord de Saint-Laurent-de-Chamousset, par les D 4 et D 24

Parking
près de la mairie

Balisage

- 1 à 2 blanc-rouge
- 2 à 3 jaune-rouge
- 3 à 6 blanc-jaune
- 6 à 1 blanc-rouge

À voir

En chemin

- Montrottier : église, château, halles
- Saint-Martin : chapelle du XIIe et XIVe siècle, clocher du XIXe

Dans la région

- Saint-Laurent-de-Chamousset : château (ne se visite pas)
- Bussieu : maisons de pays, produits du terroir

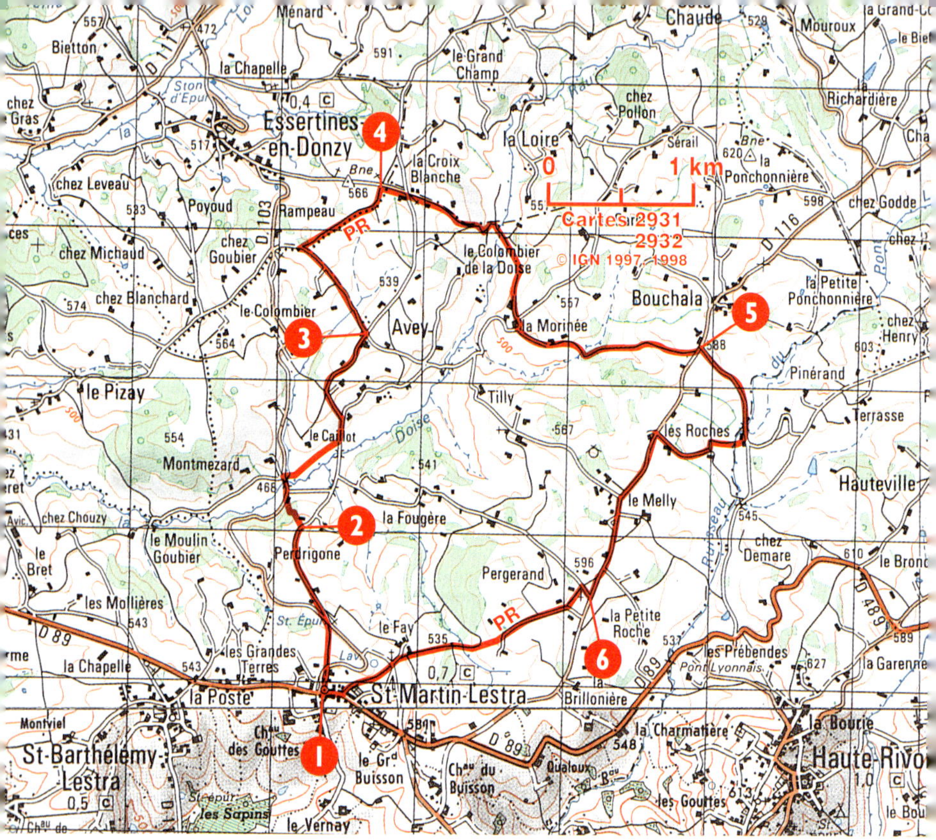

Les clochers les plus proches d'Europe

Comme pour Létra (PR12) ou l'Etrat près de Sorbiers, Lestra vient du latin strata qui signifie la voie. Ici, il s'agit de la voie romaine d'Aquitaine qui passait près de Saint-Martin-Lestra et de Saint-Barthélémy-Lestra. Plus près de nous, ces bourgs furent traversés par la nationale 89 Genève – Bordeaux. Le panneau de début d'agglomération de l'une touche le panneau de sortie de l'autre. Ces deux communes ont la particularité d'être les plus proches d'Europe : les deux clochers sont distants de seulement 800 mètres. Sur ce plateau champêtre, hormis la limite administrative, nulle vallée ou barre rocheuse ne sépare les deux entités. Aujourd'hui, les deux communes sont membres de la communauté de communes des montagnes du Matin dont le siège est à Panissières.

St-Barthélémy vu de St-Martin.
Photo F.B./CDRP42

Circuit du Fay

Fiche pratique **23**

3 h 15
13 Km

592m
468m 340m

Situation Saint-Martin-Lestra, à 44 km au Nord de Saint-Etienne par les N 82 et D 89

Parking place de l'Eglise

Balisage blanc-jaune S 13

Ne pas oublier

Lestra vient du latin et signifie *la voie*. Aujourd'hui, entre ruisseaux et pâturages, la voie se promène sur les contreforts des monts du Lyonnais avec en point de mire, la flèche du clocher.

Hêtre. *Dessin N.L.*

1 Descendre par la route d'Essertines-en-Donzy. Dévaler le chemin à gauche. Croiser la D 103 et suivre la route de Perdrigone.

2 A la ferme, descendre dans les bois par le chemin à gauche. Poursuivre par la D 103 pour franchir le ruisseau et prendre le chemin à droite. Monter par la route à gauche jusqu'en haut du hameau d'Avey.

3 Sur la crête, descendre à gauche. Monter par le chemin à droite puis la route. Au Gorgeret, s'engager sur le chemin à droite.

4 A la croix, prendre la route à droite sur le plateau de la Croix-Blanche (*vue sur les montagnes du Matin ou du Lyonnais à gauche et les monts du Soir ou du Forez derrière*). Descendre par le chemin en face, passer le pont et monter en biais à droite. A La Morinée, poursuivre tout droit, puis obliquer à gauche, franchir le ruisseau de Goutaillon et remonter en face. Emprunter la route à gauche.

5 Descendre par la route à droite. Franchir le pont interdépartemental, virer à droite et retraverser le ruisseau du Lyonnais. Gravir le chemin puis la route. Descendre par la D 116 à gauche sur 1 km.

6 Après une butte sur la gauche, prendre à droite la route de la Fougère sur 100 m. S'engager sur le chemin à gauche en direction du clocher de Saint-Martin. Tenir ce cap, passer un ruisseau et arriver au calvaire (*vue sur les montagnes du Matin et les monts du Forez*). Poursuivre jusqu'au bourg, puis emprunter la route principale à droite.

À voir

En chemin

- vue sur la plaine du Forez et ses volcans et, au fond, sur les monts du Forez

Dans la région

- Chambéon : écopôle du Forez, étangs, observation en bords de Loire
- Saint-Etienne-le-Molard : château Renaissance de la Bastie-d'Urfé
- Montrond-les-Bains : château et musée de la Poste

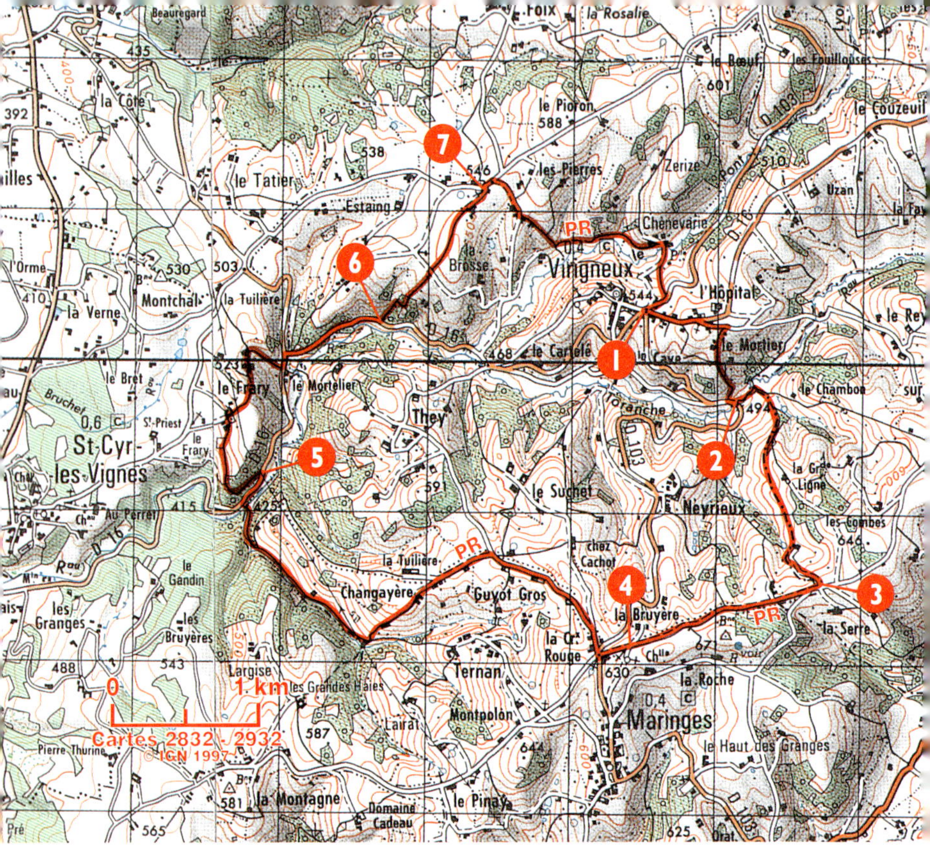

Histoire de truites...

Comme la plupart des rivières des Monts du Lyonnais, la Toranche présente toutes les caractéristiques d'une belle rivière à truite. La densité en truites reste cependant moyenne au niveau de Virigneux en raison d'assecs estivaux importants. En bordure de rivière, le randonneur averti apercevra la truite fario. Les spécimens de la Toranche se différencient de leurs voisins du bassin versant de la Brévenne, distant seulement de quelques kilomètres... Les truites de la Toranche, caractérisées par une robe claire et des tâches noires et rouges sur les flancs, appartiennent à la souche atlantique. Celles de la Brévenne, truite de souche méditerranéenne, sont génétiquement et morphologiquement différentes.

La Toranche. *Photo*

Sur les crêtes, une ligne virtuelle sépare les eaux de la Toranche, qui rejoignent la Loire et l'océan Atlantique, et celles de la Brévenne, qui finiront dans la mer Méditerranée. Les truites en savent quelque chose !

La Toranche

Fiche pratique 24

Tantôt paisible, tantôt sauvage, la Toranche et ses affluents serpentent au pied des monts du Lyonnais pour rejoindre la Loire. Ecoutez-les chanter au cours d'une balade accessible à tous.

Truite fario. *Dessin P.R.*

1 De la croix de Mission, monter par la D 16 vers Haute-Rivoire. A la croix, prendre la route à droite sur 300 m, puis descendre à droite. Suivre la D 103 à gauche sur 50 m.

2 Avant le pont, prendre la piste à gauche, franchir la Toranche et gravir le chemin à droite jusqu'à un col *(vue en face sur Chazelles-sur-Lyon et le Pilat)*.

3 Emprunter la route à droite, puis obliquer sur le chemin à droite. Croiser une petite route, continuer le long de la haie et déboucher sur une route.

► Accès à la chapelle Saint-Roch (*point de vue sur 36 clochers alentour*) : monter à gauche.

4 Poursuivre jusqu'à la Croix-Rouge (*vue à gauche sur le Velay*). Traverser la D 103 et descendre par la route à droite face à la tour Matagrin. Bifurquer sur la route à gauche face aux monts de la Madeleine et descendre à gauche, face aux monts du Forez, à La Changayère puis dans la vallée. Partir à droite le long du ruisseau et en lisière du bois. Franchir la Toranche et monter par la D 16 sur 250 m.

5 Gravir les bois de Saint-Cyr par le layon à gauche. Monter par la route à droite. Au Frary, plonger à droite, puis remonter par la D 16 en direction de Virigneux sur 800 m.

6 Au ru, grimper à gauche dans les bois puis les champs. Croiser la route et arriver sur le plateau (*vue en face sur le clocher de Saint-Martin-Lestra*).

7 A la croix, virer deux fois à droite et descendre par le chemin des Fillandres face au clocher. Avant la rivière, prendre la piste à gauche. Franchir le pont Lyonnais, monter par le sentier à gauche puis la route à droite pour regagner le point de départ.

5 h
15 Km

650m
425m 420m

Situation Virigneux, à 40 km au Nord de Saint-Etienne par les A 72, D 12, D 10 et D 16

Parking point propreté

Balisage blanc-jaune H

Ne pas oublier

À voir

En chemin

■ points de vue ■ chapelle Saint-Roch ■ bords de rivière

Dans la région

■ Chazelles-sur-Lyon : musée du Chapeau ■ Saint-Médard-en-Forez : village fleuri, église romane ■ Saint-Denis-sur-Coise : sentier des moulins, vallée de la Coise

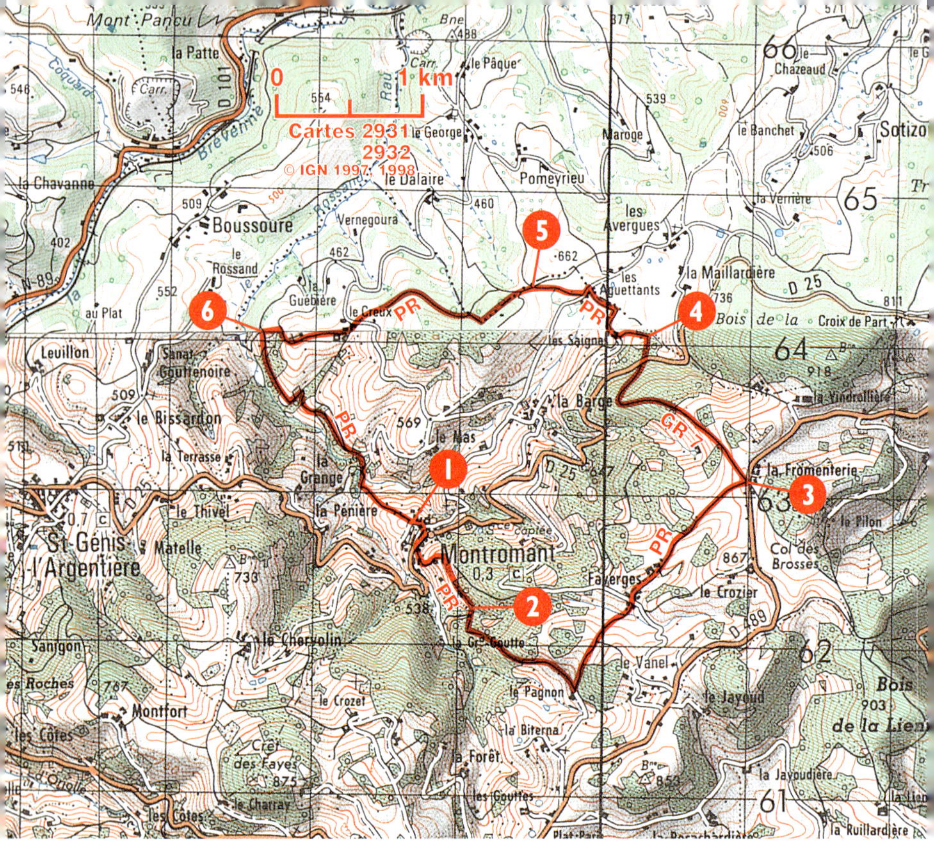

Gastronomie du Lyonnais

Le Lyonnais est tout petit. Mais il a de la chance.
Il touche à d'admirables régions gastronomiques : la Bresse, la Franche-Comté, la Bourgogne, le Bourbonnais, le Languedoc.
Dans la campagne, on mange des plats populaires : des grattons, les bugnes ou délicieux beignets, le matefaim préparé à la poêle, un merveilleux cervelas truffé tout chaud. Le saucisson de Lyon est célèbre dans le monde entier. Demandez partout des matelottes, des morilles à la crème, du gras-double sauté à la poêle avec de l'ail et du persil, des pommes de terre lyonnaises poêlées aux oignons. Dans les restaurants célèbres, on vous posera sur la table : des quenelles de volaille ou de brochet, une poularde truffée cuite dans du bouillon.

Dans votre assiette cette morille sera accompagnée de crème. *Photo L.G.*

Circuit de Montromant

Fiche pratique **25**

3 h 15
11 Km

863m
425m 450m

Aux côtés d'un aqueduc romain quelque peu malmené par les années, c'est ici un royaume de fruits rouges que l'on va apprécier, en plus de la surprise provoquée par la découverte d'anciennes mines de charbon et de plomb argentifère à Sainte-Foy, sans compter les intéressantes ruines du château de Fenoye (XVe).

1 Prendre la route qui monte vers l'église, tourner à droite et, au droit de l'auberge, monter à gauche par le chemin des Roches très pentu. Environ 400 m plus loin, prendre à droite vers Les Roches, puis traverser le ruisseau du bois de Rizon.

► A 50 m sur la gauche : sous la grande dalle de pierre subsiste un vestige de l'aqueduc de la Brévenne.

2 S'engager dans le chemin central : la Montée du Pagnon. Atteindre Le Pagnon *(en face une réserve d'eau régularise le débit de la source du Rizon)*. L'itinéraire part sur la gauche et s'élève sur le plateau. A un carrefour, continuer tout droit entre les cultures, traverser Faverges et atteindre la D 489 à La Fromenterie.

3 Emprunter à gauche le GR® 7 qui descend vers la D 25 *(remarquer une croix rustique près du chemin du Joannay)*. La traverser et se diriger vers le hameau de La Maillardière.

4 Tourner à gauche et rejoindre Les Saignes. Entre les maisons, prendre à droite un chemin privé qui longe des cultures fruitières. Après une ferme, suivre 50 m la route à gauche et prendre à droite le chemin herbeux qui s'élève à un carrefour de six chemins.

5 Prendre en face et 30 m plus loin, entre trois directions, suivre le chemin central *(point de vue sur la vallée de La Brévenne)*. Atteindre Le Creux. Dans le hameau, prendre sur la droite le chemin de la Madone sur environ 800 m.

6 Prendre à gauche puis, 50 m plus loin, descendre à droite entre deux clôtures dans le vallon du Rossand. Après le franchissement de la Barge (affluent du Rossand), on aperçoit une bâtisse à deux étages, un ancien moulin situé sur la rive gauche du Rossand. Suivre la rive droite du ru de la Barge, le traverser et 100 m plus loin, dans le virage, prendre le chemin en forte pente qui rejoint Montromant.

Situation Montromant, à 6 km de Sainte-Foy-l'Argentière, par la D 25

Parking sur la place de la mairie

Balisage

1 à 3 jaune et blanc
3 à 4 blanc-rouge
4 à 1 jaune et blanc

À voir

En chemin

■ Point de vue sur la vallée de La Brévenne ■ Vestige de l'Aqueduc de la Brévenne

Dans la région

■ Sainte-Foy-l'Argentière : église et château
■ Courzieu : parc animalier (loups, lynx rapaces)
■ Yzeron : maison de l'Araire, cascade et table d'orientation au Nord du village, plan d'eau du Ronzey ■ «Sentier muletier» de Montromant à Montrottier utilisant en partie le GR® 7

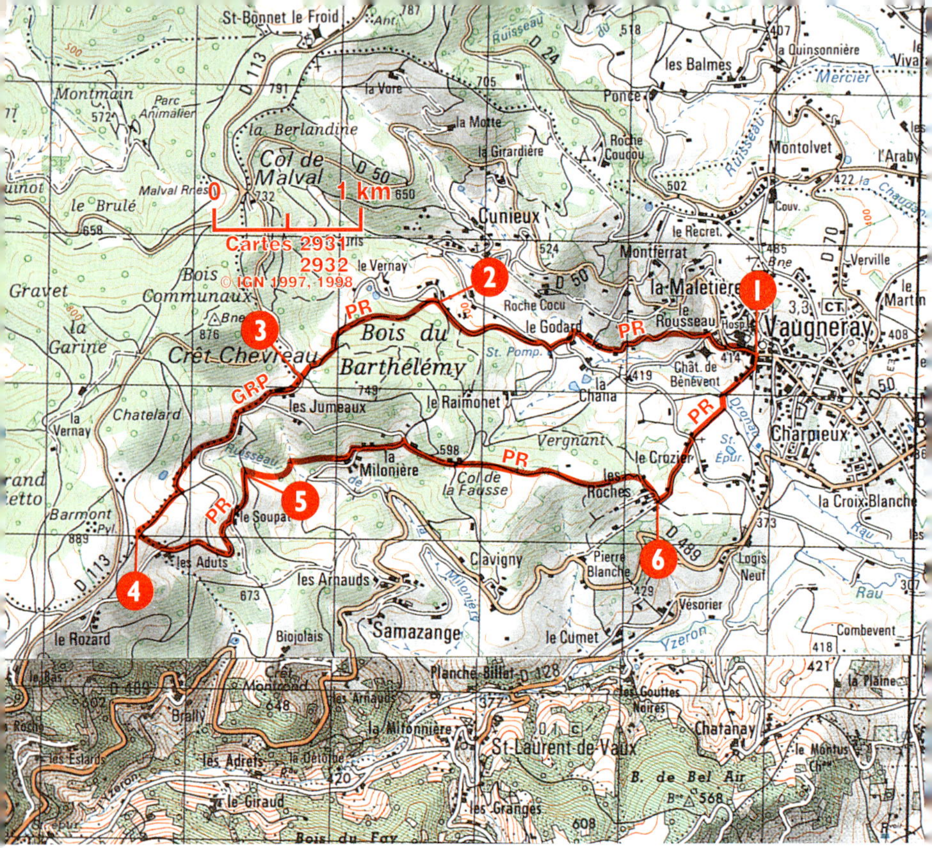

Capitale de la Vaugnerite

Ferme, près de Vaugneray. *Photo B.P.*

A 414 mètres d'altitude, Vaugneray, petit village de quelque deux mille âmes, était déjà mentionné en 984.

Il faut y aller voir le château de Bénévent où séjourna François 1er en 1515, dont les tours sont des XVe et XVIIe siècles, château restauré, entouré de prés, fort bien entretenu. Vaugneray tire son nom de la vaugnerite, un granit pailleté de mica, découvert en 1834 par un Lyonnais, le minéralogiste Joseph Fournet. On l'utilisa beaucoup dans la région dans diverses constructions, notamment celle de l'église édifiée en 1862.
Peu après le château, on découvre un pont de pierre. Il enjambe, dans un sous-bois, un petit ru, le Dronau qui prend sa source à quelque 800 mètres d'altitude, près de Saint-Bonnet-le-Froid, pour s'en venir, plus bas, gonfler l'Yzeron.

Circuit du Mai

Fiche pratique 26

3 h
11 Km

820m
369m 490m

On produit dans le coin, aux portes de Lyon, du vin VDQS mais aussi de la vaugnerite (granit pailleté). Les vestiges du passage de l'aqueduc de Craponne sont toujours présents ainsi que ceux du château de Bénévent, des XIVe, XVIe et XIXe.

1 En descendant de la place de l'église, prendre à droite la route de Malval. A la statue de la Madone, descendre la rue à gauche. A « l'étang », prendre le chemin à droite derrière la maison. Continuer tout droit sur cette route en laissant les sentiers qui partent sur la droite. Rejoindre une route que l'on emprunte sur la droite. Au carrefour, prendre à droite. Un peu plus loin, se diriger à gauche en direction du Barthélémy. Suivre la route sur 800 m.

2 Dans le virage, s'engager à gauche dans un sentier assez raide. Continuer tout droit sur ce sentier jusqu'à une route.

3 Emprunter en face le GR® de Pays *Tour des Monts du Lyonnais*, passer aux Jumeaux par une route goudronnée. Après une ferme, prendre successivement le premier chemin de terre à droite, puis le deuxième chemin à droite. Continuer tout droit et prendre à gauche.

4 Tourner à gauche et atteindre la ferme des Aduts. Prendre la route par la gauche pour descendre au hameau du Soupat. Au croisement, traverser la route et s'engager dans le sentier qui passe entre les maisons. Plus bas, prendre à gauche et traverser un petit ruisseau.

5 A l'intersection, prendre le sentier sur la droite jusqu'à un large chemin. Au carrefour, descendre à droite et passer devant la maison de l'association « Amitié Nature » puis continuer en direction du hameau de La Milonière. Continuer tout droit en montant par la route. A l'intersection, prendre à droite et continuer tout droit en direction des Roches.

6 Descendre sur la rue jusqu'à la croix du Crozier. Traverser la route, puis prendre en face le chemin qui traverse le ruisseau du Dronau avant de monter sur le village de Vaugneray.

Situation Vaugneray, à 16 km à l'Ouest de Lyon par les D 489 et D 50

Parking
place de l'église

Balisage

- 1 à 3 blanc-bleu
- 3 à 4 jaune-rouge
- 4 à 1 blanc-bleu

Difficulté particulière

- sentier assez raide entre 2 et 3

À voir

En chemin

- Vaugneray : église construite avec la pierre locale, la « vaugnerite » ; château de Bénévent (XVIe) ; monastère moderne de la Visitation
- piscine

Dans la région

- Château de Saint-Bonnet-le-Froid : ferme fortifiée dont le château et le jardin se visitent sur rendez-vous, accès libre à la chapelle
- Courzieu : parc animalier (loups, lynx, rapaces)
- Yzeron : maison de l'Araire, cascade et table d'orientation au Nord du village, plan d'eau du Ronzey

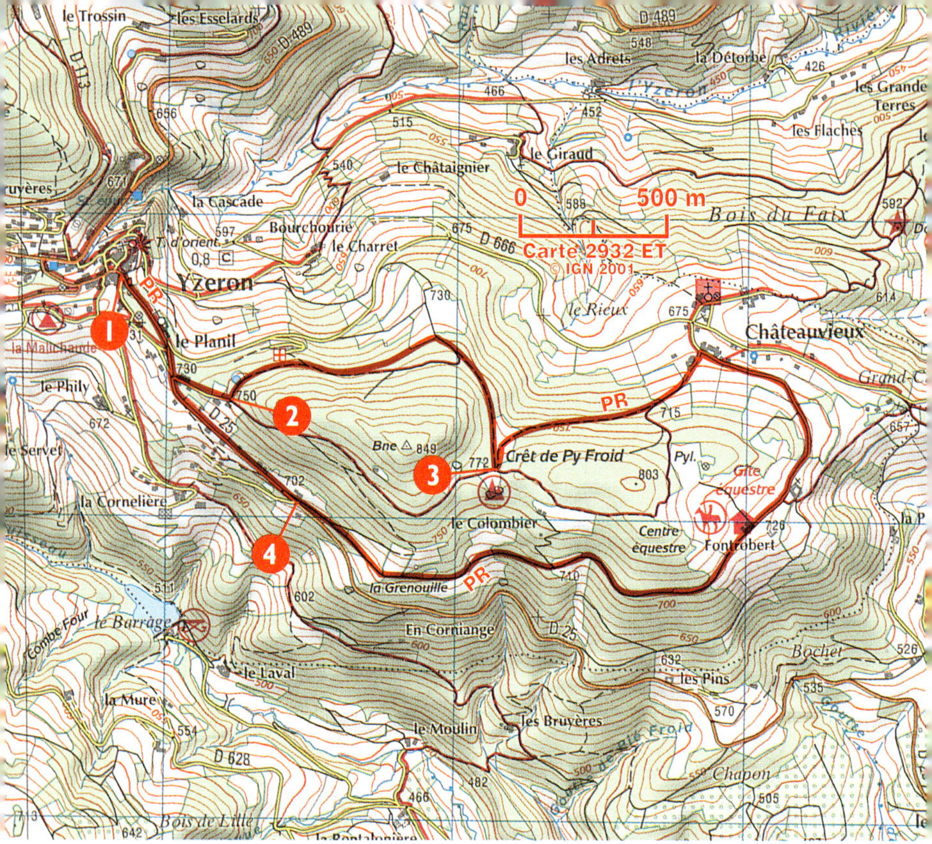

Des « cailloux pittoresques »

De la commune d'Yzeron peuplée d'un peu moins de 700 habitants, qui fut une ancienne place fortifiée des Comtes du Forez, érigée en baronnie au XVIIIe siècle, on a une très belle vue vers la vallée du Rhône.
Yzeron possède un Carmel, ancien hôtel, le « Beau Site », transformé pour ces religieuses, les Carmélites, qui appartiennent à l'un des Ordres les plus anciens de l'histoire. A proximité, le mont Py-Froid (848 m) : ses « cailloux » aux noms pittoresques, le « surplom », le « toboggan », la « dalle du piton » et la roche « Gargantua », le « Cirque des Rivoires » ou cet autre « caillou » immense surnommé « la Grenouille » pour sa ressemblance avec ce batracien.

Cascade d'Yzeron. *Photo B.P.*

Circuit de Py-Froid

Ce circuit est l'un des plus courts des Monts du Lyonnais mais loin d'être ordinairc. Il faut avoir visité Yzeron, station climatique d'été, vieux village perché avec ses restes de remparts, apprécié le lent cours de l'Yzeron, le « Grand Betey » et enfin le crêt de Py-Froid qui culmine tout de même à 848 m.

Faucon crécerelle. *Dessin P.R.*

1 Prendre la route en direction de Thurins et traverser le hameau du Planil. A la bifurcation, suivre la D 25 à droite puis prendre la route qui part à gauche entre les maisons.

2 Au carrefour, prendre à gauche pour contourner le crêt de Py-Froid par le Nord. Continuer tout droit sur ce sentier jusqu'à la grande clairière de Py-Froid.

3 A l'entrée de la clairière, prendre le premier sentier à gauche. Descendre le sentier jusqu'aux maisons et tourner à droite sur la route. Après un large virage, la route est prolongée par un sentier. Continuer tout droit sur le chemin principal jusqu'à la D 25.

4 Prendre cette route sur la droite pour retourner au village d'Yzeron.

Monts du Lyonnais aux environs d'Yzeron. *Photo B.P.*

Fiche pratique 27

2 h
6 Km

770m
700m 140m

Situation Yzeron, à 29 km à l'Ouest de Lyon, par la D 489

Parking central d'Yzeron (vers le préau)

Balisage blanc-bleu

À voir

En chemin

- Yzeron : église, maison de l'Araire (histoire et folklore de l'Ouest Lyonnais), plan d'eau du Ronzey, cascade au Nord du village, table d'orientation
- Châteauvieux : chapelle romane de Saint-Jean-Baptiste-de-Châteauvieux

Dans la région

- Courzieu : parc animalier (loups, lynx, rapaces)
- Vaugneray : église construite avec la pierre locale, la « vaugnerite », château de Bénévent (XVIe), monastère moderne de la Visitation, piscine

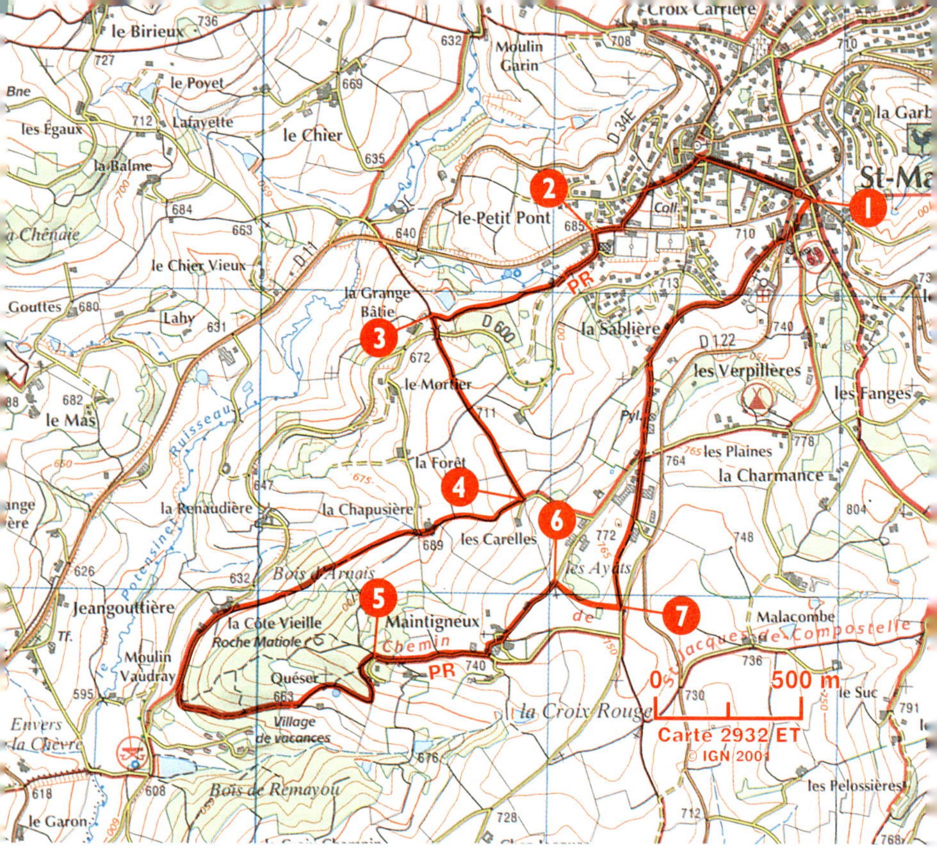

Rochefort

Les premiers habitants connus de la région étaient les Ségusiaves (peuple gaulois). A l'emplacement de l'actuelle chapelle, sur le promontoire rocheux, se trouvait autrefois un lieu sacré de culte celtique. La tradition rapporte que saint Martin venu au IVe siècle évangéliser la région aurait laissé sur le rocher les empreintes des sabots de son âne. Au XIIIe siècle, les chanoines-comtes de Lyon choisirent ce lieu pour édifier à l'intérieur d'une vaste muraille un donjon et une chapelle. Cette dernière fut agrandie et restaurée au XVe puis au XVIe siècle. Elle devint un lieu de passage fréquenté par les pèlerins pour Saint-Jacques-de-Compostelle (vitrail du chœur et coquilles sculptées sur les pieds droits de la première chapelle). En bas du château, la croix Saint-Pierre a double face : sur un côté la croix du Christ, sur l'autre la Vierge et saint Jean. Elle était tournée pour correspondre aux différentes fêtes religieuses.

Rochefort. *Photo CDRP69.*

Balade de la roche Mathiole

Fiche pratique **28**

Ce circuit très accessible, vous conduira vers un amas de rochers caractéristiques de la région. La roche Mathiole fut un lieu druidique où l'on adorait le feu. De Maintigneux, un des plus vieux hameaux, vous aurez une vue sur les monts du Forez et les villages alentour...

1 De la place du Plon (ou Plomb), partir vers l'église par la Grande rue, puis descendre à gauche par la rue des Cherchères, en laissant à droite la maison de Pays. Au carrefour, descendre par la rue à gauche. Emprunter la D 11 à droite sur 100 m.

2 Monter à gauche par le chemin qui longe à droite une haie taillée, sur 200 m, puis suivre la haie à droite par le chemin herbeux qui descend.

3 Sur une aire bétonnée, gravir le raidillon à gauche et passer sur le pont qui enjambe une petite route (*ancienne voie du tacot, chemin de fer qui fonctionna de 1914 à 1933 ; il allait de Messimy à Saint-Symphorien-sur-Coise en passant par Thurins, Rontalon, Saint-Martin-en-Haut et Saint-Symphorien ; vue sur le village*). Continuer la montée jusqu'au hameau des Carelles.

4 Descendre à droite par le chemin goudronné qui devient herbes et graviers. Contourner la maison par la droite, laisser la route à droite et continuer en face par le chemin herbeux. Au hameau de La Côte-Vieille, suivre la route à gauche sur 250 m, puis bifurquer à gauche sur le chemin forestier (*ancienne voie jacquaire*). Il s'élève jusqu'à proximité du site de la roche Mathiole (*cité druidique*) situé à gauche.

5 Tourner à droite vers le hameau de Maintigneux (*vue sur les Monts du Forez*), puis monter à gauche entre les maisons sur 200 m.

6 Face à un gros chêne, à la croix, s'engager à droite sur un chemin très herbeux. Plus loin bordé de grosses pierres, il devient un étroit sentier. Suivre la route à gauche sur 100 m.

7 Monter à gauche par le chemin herbeux. Après la zone d'activités, traverser le carrefour et descendre par le chemin de terre en face. Bifurquer à droite sur la route en balcon pour revenir au point de départ.

2h20 • 7 Km

770m
640m 225m

Situation Saint-Martin-en-Haut, à 30 km au Sud-Ouest de Lyon par les D 489 (Craponne) et D 11

Parking place du Plon (ou Plomb)

Balisage

C sur bleu

Ne pas oublier

À voir

En chemin

■ ancienne voie du tacot ■ chemin jacquaire ■ roche Mathiole (site druidique) ■ vue sur les monts du Forez

Dans la région

■ Rochefort : forteresse et chapelle XIIIe ■ Saint-André-la-Côte : croix du Signal (lieu choisi par César François Cassini pour implanter le premier point géodésique de la région) ■ parc animalier de Courzieu ■ Chazelles-sur-Lyon : musée du Chapeau

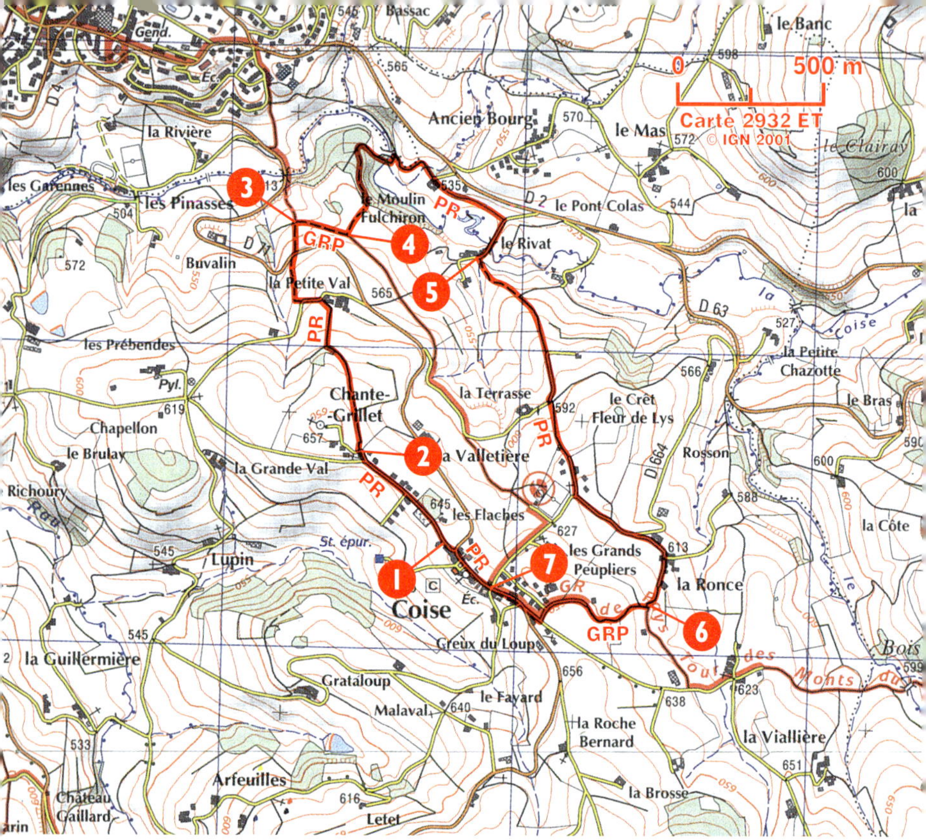

Coise fut Saint-Etienne

La région de Saint-Etienne-sur-Coise fut longtemps zone de partage et de querelles entre les comtes du Forez et les comtes archevêques de Lyon. A la Révolution, cette région du Lyonnais fut surnommée « Petite Vendée » pour son activité en faveur des prêtres réfractaires et sa résistance au sanguinaire Javogues, chargé, par la convention, de la répression dans le département « Rhône et Loire ». Après la Révolution, le village fut nommé Coise et était situé au hameau de « l'ancien Coise ». En 1849, à la suite de la détérioration de l'église, la décision fut prise de transférer le village au centre de la commune sur une hauteur, (implantation actuelle). En 1870, une famille de Coise, ayant eu une « grande peur » de ne pas voir ses fils revenir de la guerre fit le vœu, après leur retour, d'élever un monument de reconnaissance à Notre-Dame-de-la-Salette. C'est ainsi que cette chapelle fut appelée « Notre-Dame-de-la-Peur ». Une procession aux flambeaux a lieu pour la fête du 15 août.

Chapelle Notre-Dame-de-la-Peur. *Photo A.*

La chapelle de la Peur

Fiche pratique **29**

1 h 40
5 Km

650m
520m 180m

Situation Coise, à 30 km au Nord de Saint-Etienne par les D 3, D 4 et D 71

Parking salle polyvalente

Balisage

1 à 3 blanc-vert
3 à 4 jaune-rouge
4 à 6 blanc-vert
6 à 7 jaune-rouge
7 à 1 blanc-vert

Ne pas oublier

A la chapelle, un panneau vous parlera de l'histoire de la rivière la Coise. Elle traverse la commune sur de longs kilomètres. Au cours de ce circuit en traversant deux ponts, vous pourrez découvrir le calme et la lenteur de cette eau qui fait le bonheur de nombreux pêcheurs.

1 Sortir du parking à droite en direction du cimetière. Au bout de la ligne droite, bifurquer à droite vers la chapelle.

► Accès à la chapelle située sur la hauteur par la route à gauche en 5 mn (*table d'orientation et panneaux thématiques*).

2 Poursuivre tout droit par le chemin herbeux. Au hameau de La Petite-Val, prendre la route à gauche jusqu'à une croix métallique. Descendre à droite par le chemin raide et très pierreux, traverser la D 71 (*prudence*) et continuer en face jusqu'à une intersection.

3 Prendre le chemin à droite (*GR® de Pays du Tour des Monts du Lyonnais*). Il monte sur 200 m.

4 Au replat, s'engager à gauche sur le chemin herbeux à travers champs. Il se prolonge par le large chemin sous les arbres. Franchir la Coise sur le petit pont et monter en face. Près d'un socle (*ancienne croix*) marqué *CF 1663*, poursuivre à droite. Après la ferme, parcourir tout droit le sentier en balcon. Emprunter la route à droite. Elle enjambe la Coise. Continuer sur 50 m.

5 Monter à gauche par le chemin herbeux et caillouteux. Continuer par la route sur 150 m, puis suivre en face le chemin herbeux. A la croix, dans le hameau Crêt-Fleur-de-Lys, descendre par la route à gauche et gagner La Ronce. Bifurquer à droite sur le chemin goudronné, marqué par deux grands arbres. Rester à droite. A la dernière maison, monter par le large chemin herbeux qui dessine quelques courbes.

6 Poursuivre par le chemin à droite jusqu'au village. Prendre la route à droite.

7 Continuer tout droit pour retrouver le parking.

À voir

En chemin

■ chapelle de la Peur ■ vue imprenable sur Saint-Symphorien-sur-Coise ■ vue sur l'ancien village de Coise

Dans la région

■ Chazelles-sur-Lyon : musée du Chapeau ■ Saint-Symphorien-sur-Coise : église, maison des Métiers ■ train touristique de Sainte-Foy-L'Argentière à L'Arbresle

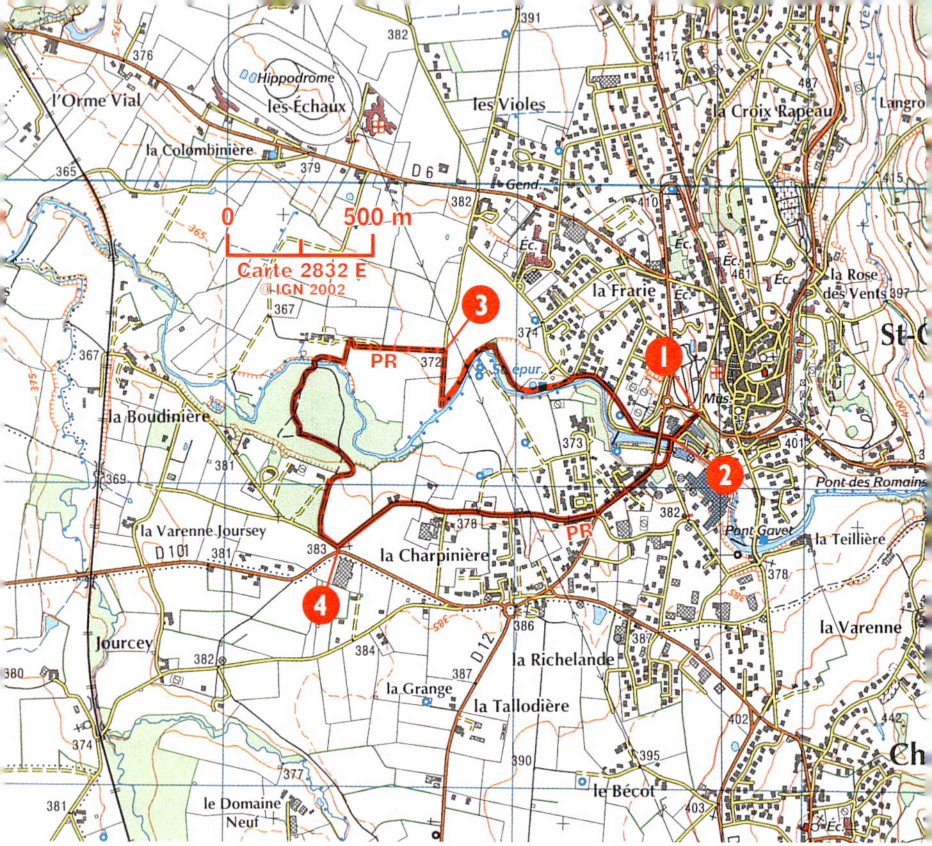

Saint-Galmier

Kiosque. *Photo OTSG.*

Perché sur son promontoire, tel un village méridional, Saint-Galmier domine la plaine du Forez et regarde la rivière Coise s'écouler jusqu'à la Loire. Son quartier historique, son Casino, son hippodrome et les nombreux évènements qui y sont organisés font de Saint-Galmier une station touristique et attrayante. Ville fleurie, son parc, ses bords de Coise, sa roseraie, sont des lieux de détente privilégiés. Le kiosque d'eau minérale Badoit est un lieu où les touristes peuvent bénéficier d'une halte rafraîchissante (fermé le samedi après-midi et le dimanche). On peut également découvrir les ateliers de l'usine lors des visites organisées par l'Office du tourisme. La roseraie a été créée en 2000 et associe roses anciennes et roses modernes.

La rose de Saint-Galmier

Fiche pratique **30**

1 h 30
4,5 Km

390m
365m
40m

Situation Saint-Galmier, à 25 km au Nord de Saint-Etienne par les N 82 et D 10

Parking office municipal des sports

Balisage blanc-vert

Ne pas oublier

Cette balade digestive dans la fraîcheur des bords de Coise chemine entre les diverses sources Badoit et une roseraie au pied de l'ancienne cité. Au sortir des coteaux, la rivière commence ses méandres.

1 Descendre les escaliers (*vue en face sur les monts du Forez*), continuer par l'allée entre le kiosque, le fronton monumental et la statue de Saturnin Badoit (*qui a lancé en 1838 l'exploitation industrielle de l'eau minérale connue depuis les Romains*).

2 Avant le pont sur la Coise, suivre la rivière à droite et passer sous une arche du pont en pierre. Longer le cours d'eau vers l'aval par la route puis le sentier ombragé (*les petits édifices en rive droite puis en rive gauche sont des stations de pompage pour extraire l'eau de Badoit*). Monter les marches en rondins, tourner à droite et redescendre sur la berge par un autre escalier. Après une passerelle, virer sur le chemin à droite.

3 A la route, emprunter la piste à gauche (*vue à droite sur la salle Roger Rivière du nom du cycliste du pays, détenteur du record du monde de l'heure de 1958 à 1968*). Parcourir la roseraie aux multiples senteurs colorées. Contourner le poney-club par la gauche. Franchir le gué et entrer à droite dans le bois Barou (*agrémenté des panneaux du sentier botanique présentant les nombreux feuillus présents*). Face à la butte, obliquer à gauche et monter pour sortir du bois. Après la propriété, prendre la route à gauche.

4 A la croix blanche, entre un cèdre et un épicéa, parcourir la petite route à gauche vers Saint-Galmier (*vue en face sur l'église au panorama, le cloître, le village fleuri de Saint-Médard et plus à droite, le sommet de Pierre-la-Bauche et le bourg de Saint-Héand*). Passer devant une ferme traditionnelle transformée en logements. Au rond-point, près de l'allée de la Charpinière, obliquer sur l'avenue à gauche. Dans la courbe, descendre par la route à droite le long des établissements Badoit. Franchir le pont et retrouver le carrefour de l'aller.

2 Par le chemin de l'aller, rejoindre le point de départ.

▶ 100 m plus haut, se tient l'atelier du souffleur de verre.

À voir

En chemin

■ site Badoit (kiosque, statue et musée) ■ bords de Coise ■ roseraie ■ sentier botanique du bois Barou ■ atelier du souffleur de verre

Dans la région

■ Saint-Galmier : vieux bourg, clocher et panorama, pont Gavé, ville fleurie ■ Saint-Just-Saint-Rambert : vieux bourg de Saint-Rambert, musée des Civilisations ■ gorges de la Loire (port, baignade, châteaux, barrage et île de Grangent) ■ Saint-Romain-le-Puy : prieuré roman forézien sur pic basaltique, vignoble des Côtes du Forez

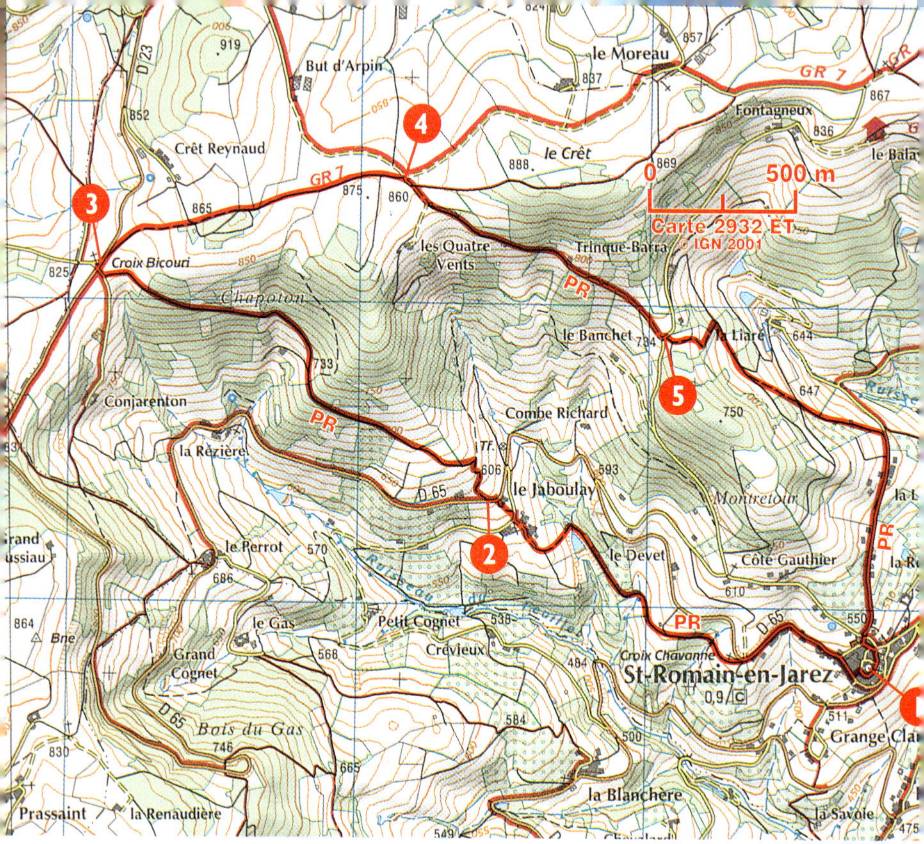

Les vergers du Jarez

Fleurs de cerisier.
Dessin N.L.

Traditionnellement, les vergers du Jarez étaient constitués d'arbres de grande taille au milieu des prés. Les cerisiers ou les pommiers servaient d'abri ou d'ombrage aux vaches. Aujourd'hui, les quelques arbres qui subsistent constituent un habitat pour la chouette chevêche. Petit rapace nocturne, elle niche dans les vieux troncs creux et va manger rongeurs, vers de terre ou insectes dans la prairie environnante. A l'époque de la rationalisation et de l'ergonomie, ce paysage a évolué : les arbres fruitiers sont plus bas pour faciliter la cueillette et sont rassemblés en de longues allées parcourues par des tuyaux d'irrigation. Il reste toujours les myriades de fleurs au mois de mai et les fruits succulents cueillis cinquante jours après.

Sentier Pomme Germaine

Fiche pratique 31

3 h
7,5 Km

870m
530m 350m

Dans ce pays de vergers, la montée à la croix de Bicouri montre le village de Valfleury blotti au fond d'un repli des monts du Lyonnais. La descente face au Pilat finit par les ruelles de Saint-Romain.

Chouette chevêche. *Dessin P.R.*

1 Descendre par la ruelle à droite puis par la ruelle pentue à gauche. Monter par la rue à droite et sortir du bourg par la D65. A la croix Chavanne, descendre par le sentier en face et passer dans les vergers (*vue à gauche sur Valfleury sous la ligne de crête*). Continuer à flanc de coteau et, après la retenue collinaire, monter au Jaboulay. Dans le village, gravir le chemin à gauche, puis suivre la D 65 à gauche sur 70 m.

2 Grimper par le chemin à droite. Poursuivre l'ascension à gauche dans les sous-bois, puis emprunter la petite route à droite pour arriver au col marqué par la croix Bicouri (*vue en face sur la plaine et les monts du Forez*).

3 Prendre la D23 à droite, puis bifurquer à droite sur le large chemin qui monte puis descend dans les champs.

4 A la croisée, tourner à droite, continuer à droite puis, dans le virage, partir à gauche pour descendre dans les bois. A Trinque-Barra, poursuivre par la petite route et gagner un croisement (*vue en face sur le Pilat et à gauche sur les Alpes*).

5 Parcourir le chemin en face, descendre à gauche puis à droite. Sous les bois, poursuivre la descente à flanc de coteau en gardant le fond de vallée à gauche. Emprunter la route à droite jusqu'à l'église de Saint-Romain (*vue à gauche du bourg sur la chapelle du Pinay édifiée en 1522*).

Situation Saint-Romain-en-Jarez, à 18 km au Nord de Saint-Chamond par les D 2 et D 6

Parking église

Balisage

1 à 3 blanc-jaune
3 à 4 blanc-rouge
4 à 1 blanc-jaune

Ne pas oublier

À voir

En chemin

■ Saint-Romain-en-Jarez : église et vieux bourg ■ vergers ■ croix Bicouri (ligne de partage des eaux) ■ points de vue ■ chapelle du Pinay

Dans la région

■ Saint-Martin-la-Plaine : zoo (800 animaux et 100 espèces) ■ Sainte-Croix-en-Jarez : chartreuse XIIIe ■ Valfleury : pèlerinage marial, table de lecture du paysage ■ Chagnon : aqueduc romain

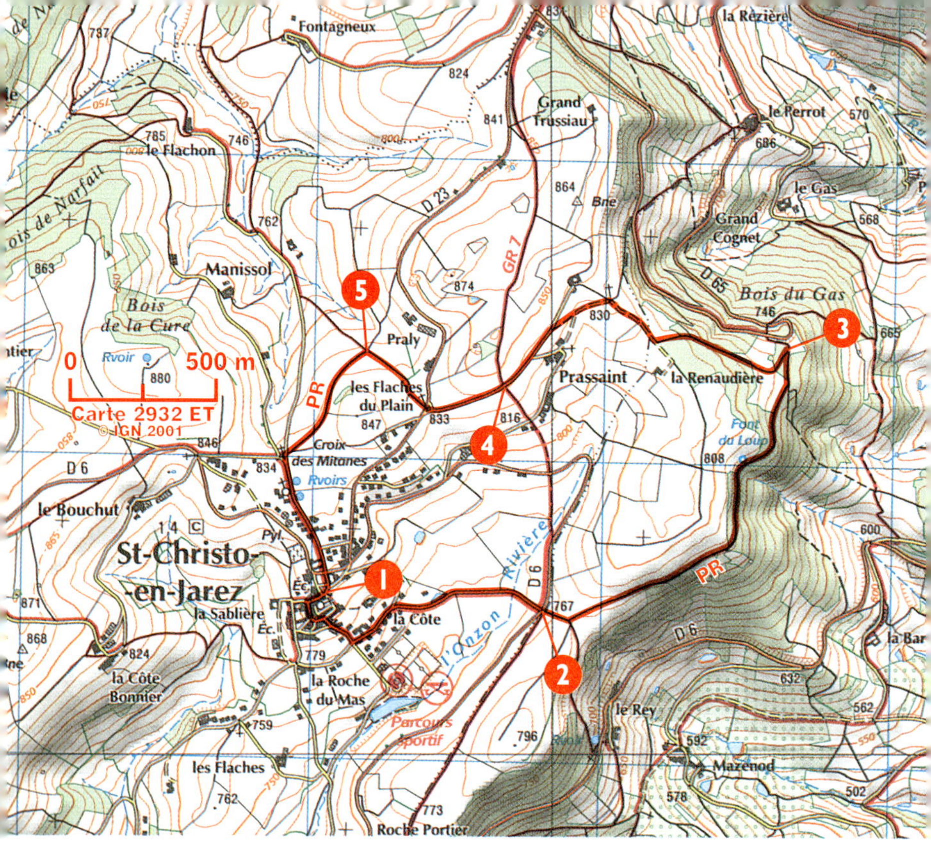

Quand voir le Mont-Blanc ?

St-Christo-en-Jarez. *Photo M.M. / CDRP42*

Le toit de l'Europe est visible de loin et notamment de Saint-Christo-en-Jarez, mais pas tout le temps. Le moment privilégié, au fil des saisons, est le lever du jour où il apparaît sombre et s'éclaircit à mesure qu'émerge le soleil. Une demi-heure après, il s'évanouit. Quand il reste visible dans la journée, il annonce un changement de temps, pour les anciens « c'est signe de pluie ». En effet, l'air s'est chargé d'humidité qui forme un effet de loupe et améliore la vision lointaine. Enfin, un moment facile à prévoir pour l'observation : en hiver, quand le temps froid et sec s'installe pour plusieurs jours. Les plaines et vallées sont dans la grisaille des strato-cumulus alors que les sommets resplendissent au soleil au-dessus d'une mer de nuages !

Circuit Sabot bleu

Fiche pratique **32**

Sur les sommets ouverts au paisible relief, cette promenade aisée traverse une rivière naissante. Dans les bois de Barres, elle surplombe, sans s'y aventurer, des vallées plus encaissées.

Peuplier. *Dessin N.L.*

1 Sous le bourg, suivre la route à gauche. Descendre à droite pour franchir l'Onzon (*ce n'est encore qu'un ruisseau parti vers le Sud pour rejoindre la Loire puis l'Atlantique*), puis déboucher sur la D 6.

2 Monter par le chemin en face, en ignorant le chemin qui part à droite (GR® 7), puis obliquer à gauche pour parcourir le flanc de vallée à travers les sous-bois et les taillis.

3 Avant la route, gravir le sentier à gauche. Sur le plateau aux champs bercés par le vent, emprunter la route à droite, passer la croix, poursuivre sur 150 m, puis monter par le chemin à droite. Continuer par la route (*vue à gauche sur le Pilat, au loin les volcans du Velay et en arrière les Alpes*).

4 Croiser à nouveau le GR® 7 et, au carrefour suivant, couper la route en obliquant à droite.

5 A la croisée de chemins, virer à gauche. A la croix des Mitanes, prendre la route à gauche et descendre tout droit en passant devant la chapelle, pour regagner le bourg.

1 h 40
5 Km

840m
758m 90m

Situation Saint-Christo-en-Jarez, à 15 km au Nord de Saint-Chamond par la D 2

Parking place de la Liberté (au-dessus de l'église)

Balisage sabot bleu

Ne pas oublier

À voir

En chemin

- points de vue

Dans la région

- Saint-Chamond : vieux quartier Saint-Ennemond
- La Terrasse-sur-Dorlay : maison des Tresses et Lacets
- Doizieux : vieux village, crêt de l'Œillon, table d'orientation
- crêt de la Perdrix (sommet du Pilat, table d'orientation, saut du Gier, la Jasserie)

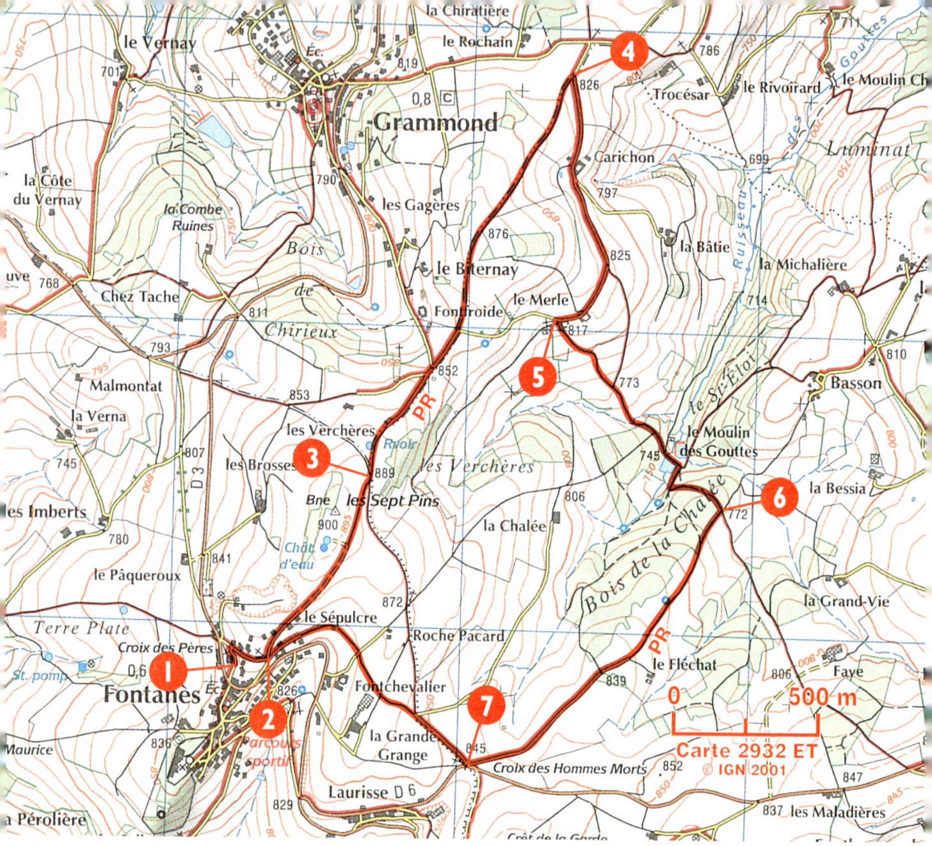

D'eau en herbe et d'herbe en lait

Avec l'altitude, la pluviométrie augmente ; en conséquence, le paysage est plus verdoyant. L'eau sort en de nombreux points. On y trouve de nombreuses fermes, isolées, qui pratiquent l'élevage laitier.

Vache montbéliarde. *Photo F.B. / CDRP42.*

Outre le pâturage, l'herbe est mangée par les vaches sous plusieurs formes, notamment du foin. C'est au printemps que l'herbe pousse le plus : pour faciliter la récolte lors de ces mois pluvieux, elle est ensilée (25 % de matière sèche), ce qui permet un stockage dans la journée et une transformation, comme celle du chou en choucroute. En été, elle est coupée et séchée (à 80 %) au soleil pour donner du foin. Parfois, elle est enrubannée en bottes rondes après avoir séché partiellement (à 65 %), l'évolution ressemble à celle de l'ensilage avec une utilisation plus souple.

Sentier du moulin des Gouttes

Fiche pratique **33**

Fontanès, un village charmant avec, au bout du promontoire, le château et son parc. Une table de lecture du paysage vient compléter cette balade champêtre au grand air.

1 Prendre la rue à droite et arriver à la croix.

2 Grimper par la piste caillouteuse à gauche. Laisser le château d'eau (*table de lecture*) à gauche et continuer par le sentier.

3 Bifurquer sur la piste à droite (*vue à gauche sur Grammond et, au loin, sur les monts du Forez puis, à droite, sur le Pilat et les Alpes*). Monter par la route en face sur 150 m. Dans le virage, poursuivre par le chemin bordé d'une haie et contourner la colline par la gauche.

4 Virer sur la route à droite et traverser les hameaux de Carichon et du Merle (*vue à gauche sur le ruisseau des Gouttes et au-delà sur Marcenod*).

5 A la croix, descendre par le chemin qui conduit au moulin des Gouttes. Passer les étangs (privés), aller à droite, puis monter à gauche en angle aigu dans le bois de la Chalée.

6 A la sortie des bois, gravir à droite le sentier en lisière. A hauteur de la maison, continuer par la route sur la croupe jusqu'à la croix des Hommes-Morts.

7 Monter par la route à droite. Poursuivre tout droit, couper la route et, à flanc de coteau, rejoindre le point de départ.

► Possibilité de se rendre au bout du promontoire à travers le village jusqu'à l'église puis au château (*le parc possède des tilleuls séculaires, une voûte de charmilles quadri-centenaires et un pigeonnier circulaire ; se renseigner sur les horaires d'ouverture*).

Château de Fontanès. *Photo F.B. / CDRP42.*

2h20
6,5 Km

894m
740m 200m

Situation Fontanès, à 15 km au Nord de Saint-Chamond par les N 498 et D 3

Parking M.J.C.

Balisage blanc-jaune n° 24

Ne pas oublier

À voir

En chemin

■ table de lecture du paysage ■ panorama ■ Fontanès : site, église et parc du château

Dans la région

■ Chazelles-sur-Lyon : musée du Chapeau ■ Saint-Médard-en-Forez : village fleuri, église romane ■ Saint-Denis-sur-Coise : sentier des moulins, vallée de la Coise

« Zoom » sur l'optique héandaise

A partir des années cinquante, l'atelier fondé à Saint-Héand par Pierre Angénieux connut une forte expansion grâce à la réalisation, à l'échelle industrielle, de produits originaux comme l'objectif à focale variable, plus couramment appelé « zoom ». La NASA opta pour les objectifs d'Angénieux pour équiper ses caméras. Les premiers pas de l'homme sur la lune furent ainsi immortalisés grâce aux objectifs héandais ! Le club de marche local, créé dans les années soixante-dix, s'est d'ailleurs dénommé « Apollo » en mémoire de la fameuse « mission Apollo 13 ». Désormais filiale du groupe « Thalès », l'usine travaille aujourd'hui pour de nombreux secteurs d'activité : défense, images satellites, surveillance, cinéma ou télévision.

Saint-Héand. *Photo F.B. / CDRP42.*

Par Nuzy

Entre les passages dans de charmants et tranquilles vallons, le regard porte au loin. Pas étonnant que Saint-Héand soit devenu un fief de l'optique qui a exporté ses réalisations jusque dans la lune.

1 Descendre les escaliers de l'autre côté de la rue principale, puis dévaler la rue du Pavé. Dans un vallon boisé, la route passe devant la façade Ouest du discret château de Malval. Prendre la D 54 à gauche sur 150 m.

2 Monter par le sentier à droite, la route à gauche et contourner par la droite les fermes de la Salette.

3 Emprunter à droite le chemin en bordure de champ. Au carrefour, suivre la piste à gauche.

4 Avant la route, descendre par le sentier à droite dans le vallon de Pélussin, parmi de charmantes prairies bordées de haies et de bosquets. Franchir le ruisseau et grimper en face par la sente puis la route. Gagner à droite le hameau du Chappoton.

5 Descendre par la route à droite puis le sentier pour retraverser le Pélussin près d'une croix en pierre. Gravir le sentier sur l'autre versant. Au hameau de Champcarté, poursuivre par la route en face.

6 Tourner sur la route à gauche, couper la D 11 et continuer par la route en face. Poursuivre par le chemin qui contourne et domine un barrage. Monter jusqu'à la route. Emprunter la D 54 à droite. A l'entrée de Saint-Héand, par la rue de Lyon, rejoindre l'église et le point de départ.

Fiche pratique 34

2h40
7,5 Km

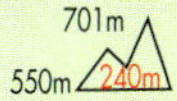

Situation Saint-Héand, à 10 km au Nord de Saint-Etienne par la D 11

Parking place de l'Eglise

Balisage blanc-jaune n° 12

Ne pas oublier

À voir

En chemin

■ château de Malval ■ croix de Nuzy

Dans la région

■ Saint-Galmier : source Badoit, vieux bourg, souffleur de verre, pont Gavé, roseraie ■ Saint-Bonnet-les-Oules : ferme forézienne ■ Veauche : église romane

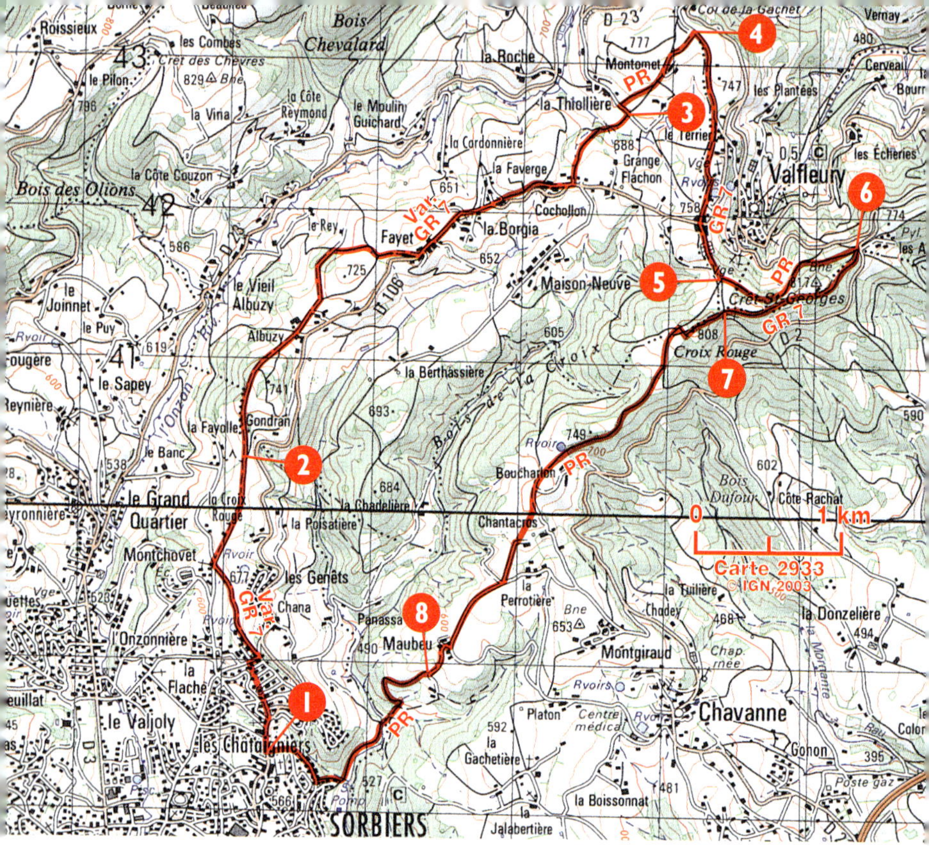

Les cloutiers de Sorbiers

Les Ségusiaves étaient des Gaulois réputés pour le travail du fer qu'ils vendaient aux Romains. Leurs descendants ont développé l'armement et la métallurgie autour de Saint-Etienne. A Sorbiers, la population s'est spécialisée dans la clouterie. Ce travail à domicile procurait un revenu complémentaire aux paysans. Les clous forgés servaient notamment aux XVIIIe et XIXe siècle à assembler les rambertes, ces bateaux en pin qui descendaient la Loire chargés de charbon. A partir de 1840, les clous se fabriquent mécaniquement et l'emploi diminue pour disparaître au début du XXe. Les sorbérans passent alors sous terre pour extraire le charbon. La demande de main-d'œuvre est telle que de nombreux mineurs venus de Haute-Loire s'installent à Sorbiers.

L'atelier du cloutier au centre-bourg.
Photo F.B. / CDRP42.

La Boucle du Chevreuil

Fiche pratique **35**

Croix Blanche et croix Rouge sont de jolis noms le long du GR® 7. Ce sont aussi des points de vue face aux crêts aigus du Pilat ou au vallon agreste et intime de Valfleury.

1 Monter par la D 106, laisser la rue du Dauphiné, puis gravir à gauche la rue suivante. Continuer l'allée et, en haut, prendre la rue des Sapins à droite. Monter à gauche au réservoir. Poursuivre à flanc, à travers prés. Au carrefour de Croix-Rouge, monter par la route à droite.

2 Bifurquer sur le chemin à gauche en lisière de forêt. Après quelques vénérables châtaigniers, descendre et traverser le hameau d'Albuzy (*manoir XVIe*). Contourner le crêt par la gauche et, à la sortie du bois de hêtres et de chênes, monter par le chemin à droite. Au petit col, gagner à gauche Le Fayet. Continuer par la D 106 sur 600 m. Poursuivre par la petite route puis le chemin au-dessus de la départementale. Après Cochollon, emprunter la D 106 sur 50 m, puis descendre et traverser le vallon à gauche.

3 A la croix, prendre la route à gauche sur 75 m, puis monter par le chemin à droite et continuer par la route.

4 Dans le virage, prendre le chemin à droite et continuer par la ligne de crête jusqu'au Grand-Logis. Couper la D 106 et monter en face.

5 Obliquer sur le sentier à gauche. Entrer dans les taillis sous le crêt Saint-Georges et continuer à flanc jusqu'à la croix Blanche (*panorama*) entre l'étroit vallon de la Durèze et la large vallée du Gier.

6 Revenir par le layon qui monte à droite et aboutir à la croix Rouge.

7 Monter dans le bois à gauche. Passer le sommet, puis descendre à gauche à travers prairie et bois. Après le réservoir, laisser le hameau de Chantacros à gauche, puis celui de La Perrotière et descendre par la route. Au carrefour, traverser Maubeu à droite, puis descendre par la route à gauche.

8 Dans le virage, dévaler au fond du vallon par la sente en face. Longer le Langonnand vers l'aval. Gravir à droite le sentier puis la rue et rejoindre la ligne de crête et le point de départ.

4 h 30
16 Km

808m
465m
500m

Situation Sorbiers, à 7 km au Nord-Ouest de Saint-Chamond par la N 498

Parking place du 19-Mars (office de tourisme)

Balisage

1 à 3 blanc-rouge
3 à 4 chevreuil jaune
4 à 5 blanc-rouge
5 à 6 chevreuil jaune
6 à 7 blanc-rouge
7 à 1 chevreuil jaune

Ne pas oublier

À voir

En chemin

■ Albuzy : manoir XVIe ■ points de vue ■ Sorbiers : expositions temporaires à l'office de tourisme, atelier du cloutier

Dans la région

■ Saint-Etienne : musées d'art moderne, de la Mine, du Vieux Saint-Etienne, d'art et d'industrie, planétarium ■ La Talaudière : maison du Patrimoine et de la Mesure ■ Saint-Jean-Bonnefond : parc Amazone ■ La Tour-en-Jarez : atelier de l'armurier

Informations pratiques

Le balisage du sentier

Le sentier GR® 7 est balisé blanc-rouge.
Le sentier GR® de Pays *Tour des Monts du Lyonnais* est balisé jaune-rouge.

La liaison Mâcon - GR® 7 est balisée blanc-rouge.

Se rendre et se déplacer dans la région

Aéroports

- Lyon - Saint Exupéry, tél. 0 826 800 826.
- Saint-Etienne – Bouthéon tél. 04 77 55 71 71.

Autocars

Saône-et-Loire :
(horaires sur www.cg71.fr)
- Mâcon-Bus, tél. 03 85 38 99 00 - ligne N°9: gare de Mâcon-Loché – Mâcon ville,
- Réseau départemental d'autocars de Saône-et-Loire, tél. 0 825 88 44 48,
- Ligne régulière : N° 74 : Mâcon – Matour – La Clayette,

Rhône :
(horaires sur www.rhone.fr)
- Autocars SNCF : Lozanne – Lamure-sur-Azergues – Poules-les-Echarmeaux.
- Réseau départemental d'autocars du Rhône : Informations à « ALLO-TRANSPORTSPUBLICS69 » au 04 72 61 72 61

Toutes les communes sont desservies soit par des lignes régulières soit par des lignes à la demande (demande à faire la veille avant 15 h au 0 800 03 80 09)

Lignes régulières :
- T66 Lyon (Gorge de Loup) – Vallée de la Brévenne : Sourcieux-les-Mines, Sain-Bel, Brulliolles, Brussieu, Ste-Foy-l'Argentière, Aveize (centre médical)
- 208 L'Arbresle – Sain-Bel – Savigny – St-Pierre-la-Palud - Bessenay
- 186 Lyon (Gorge de Loup) – Tarare – Les Sauvages – Amplepuis - Cours-la-Ville
- 189 Lyon (Gorge de Loup) – St-Martin-en-Haut - Larajasse – Sant-Symphorien-sur-Coise - Chazelles-sur-Lyon
- 203 Villefranche-sur-Saône – col de Crie - Monsols
- 210 Mâcon (gare routière) – Vinzelles – Loché - Beaujeu
- TCL, tél. 0820 42 7000 : ligne 72 : Lyon (Gorge- de- Loup) - Pollionnay

Loire :
(horaires sur www.loire.fr)
- Réseau départemental d'autocars de la Loire,
- Ligne 307 : Boën – Lyon tél. 04 77 97 42 97,
- Ligne 308 : Clermont-Ferrand – Lyon tél. 04 73 69 96 96,
- Ligne 103 : Andrézieux - Chazelles-sur-Lyon – Saint-Symphorien-sur-Coise tél. 04 77 49 66 41,
- Ligne 108 : Saint-Étienne – Rive-de-Gier et ligne 126 Saint-Étienne – Lyon tél. 04 77 25 09 98

SNCF

- Ligne TGV : Paris – Mâcon-Loché - Bourg-en-Bresse – Genève
- Paris – Lyon - Saint-Étienne
- Lignes TER : Lyon – Lozanne – Poule-les-Echarmeaux – Paray-le-Monial
- Lyon – L'Arbresle – Amplepuis – Roanne
- Lyon (Saint-Paul) – Lyon (Gorge-de-Loup) - L'Arbresle - Sain-Bel
- Lyon – Saint-Chamond – Saint-Étienne

Hébergement, restauration, commerces, services

Liste des hébergements

Pour faciliter la lecture, les hébergements sont cités dans le sens du parcours.

Sur le GR® 7

• Matour (71520) (hors GR à 2,5 km)
- Hôtel-restaurant Le Lion d'Or, 8 chambres, tél. 03 85 59 74 79.
- Camping municipal Le Paluet, tél.03 85 59 70 58.
Aigueperse (69790) (hors GR à 3 km)
- Hôtel-restaurant Auberge des Chanoines, 5 chambres, tél. 04 74 66 98 28.

• Saint-Bonnet-des-Bruyères (69790)
- Bar hôtel restaurant Chez Mireille, fermé le mardi, 4 chambres, tél. 04 74 66 91 07.

• Saint-Igny-de-Vers (69790) (hors GR à 2,5 km)
- gîte 22 personnes 6 chambres 04 74 04 50 46 ou 04 74 04 51 41
- Hôtel-restaurant Auberge du Sornin, 4 chambres, tél. 04 74 04 55 84.
- Chambres d'hôtes, Geneviève Diot, Gîtes de France, 3 chambres, tél. 04 74 03 68 25.

• Les Bois (69790 Propières) (hors GR à 1 km)
- Chambres d'hôtes, La Belle des Bois, table d'hôtes, piscine, 6 chambres, tél. 04 74 03 62 33 / 06 17 37 87 01.

• Propières (69790) (hors GR à 3 km)
- Café restaurant hôtel Alain Roche, 7 chambres, tél. 04 74 03 74 42.
- Camping municipal Plan d'eau d'Azole, tél. 04 74 03 60 08.

• Col des Echarmeaux (69870 Poule-les-Echarmeaux)
- Hôtel-restaurant des Nations fermé en décembre et mercredi, 12 chambres, tél. 04 74 03 62 13.

• Poule-les-Echarmeaux (69870) (hors GR)
- Hôtel-restaurant du Val Vert, Le Bourg, fermé le mercredi et le dimanche soir, 5 chambres tél. 04 74 03 64 70.
- Hôtel-restaurant de la Gare, à 3 km du GR 7, 12 chambres, tél. 04 74 03 63 43.
- Camping municipal Le Bourg, ouvert du 15 avril au 15 octobre, tél. 04 74 03 75 21.

• Ranchal (69470) (hors GR à 2 km)
- Bar hôtel restaurant Le Genet d'Or, fermé en janvier et lundi après-midi et mardi, 5 chambres tél. 04 74 64 85 76.

• St-Nizier-d'Azergues (69870) (hors GR à 2,5 km)
- Gîte d'étape : Hôtel du Midi, Le Bourg, M. et Mme Frémont, ouvert toute l'année, 20 personnes tél. 04 74 02 02 21.

• Château de Pramenoux (69870 Saint-Nizier-d'Azergues) (hors GR à l'Est de la forêt de Pramenoux)
- Chambres d'hôtes (de grand standing), ouvert toute l'année, table d'hôte sur réservation, M. Plasse, 4 chambres, tél. 04 74 03 16 43.

• Meaux-la-Montagne (69550) (hors GR à 1,2 km)
- Gîte d'étape, 9 places, draps fournis, cuisine. Gîte de groupe 26 places, Le Bourg, mairie : tel. 04 74 89 63 39 ou 06 66 41 86 12.

• Boutouge (69550 Meaux-la-Montagne) (hors GR, à 1,5 km à l'Ouest du bourg)
- Camping et habitations légères de loisirs 40 couchages Combe et Replat M. Rolin tél. 04 74 89 60 95.

• Cublize (69550) (hors GR à 4 km)
- Camping Lac des Sapins tél. 04 74 89 52 83.
- Hébergement de groupe : ferme Jean Recorbet 70 personnes, tél. 04 74 89 58 03
- Gîte : M et Mme Verchère Les Grossières 6 personnes tél. 04 74 89 54 41

• Saint-Just-d'Avray (69870) (hors GR à 2,5 km)
- Chambre d'hôtes, Mme Poirier, Gîtes de France, ouvert toute l'année, table d'hôte sur demande, 2 personnes, tél. 04 74 71 11 35.

• La Fouillouse (69870 Saint-Just-d'Avray) (à 4 km du GR)
- Gîte d'étape, M. et Mme Bouchinet, Gîtes de France, produits fermiers, 13 personnes, tél. 04 74 71 51 39.

• Pierrefitte (69550 Ronno) (hors GR à 2,5 km)
- Chambre d'hôtes, Les quatre saisons M. et Mme Barras, Gîtes de France, 12 personnes, table d'hôte sur réservation sauf samedi et dimanche, tél. 04 74 89 09 58.

• Les Sauvages (69170)
- Hôtel restaurant Saint Pierre Le Bourg, fermé le mercredi, 7 chambres, tél. 04 74 89 10 49.
- Chambres d'hôtes, M. et Mme Victor, Gîtes de France, restaurant, alimentation à proximité, ouvert toute l'année, 1 chambre, tél. 04 74 89 11 49.

• Le Charpenay (69170 Les Sauvages) (hors GR à 1,5 km)
- Hôtel-restaurant de la Roche, fermé le vendredi, 9 chambres, tél. 04 74 89 11 83.

• Machezal (42114) (hors GR)
- Chambres d'hôtes, Le Bourg, route de Chirassimont, M. Bissuel 2 chambres, tél. 04 77 62 41 03.

• Violay (42780) (hors GR, à 500 m)
- Hôtel-restaurant Perrier**, Logis de France, fermé samedi et dimanche soir de novembre à mars (sauf réservation de groupe) 10 cbres, tél. 04 74 63 91 01.

- Gîte collectif : Centre Jeanne d'Arc, ouvert toute l'année, capacité 19 couchages en dortoirs tél./ fax : 04 74 63 90 46.

• Villechenève (69770)
- Hôtel-restaurant Beau Séjour, fermé vacances scolaires de février, 6 chambres tél. 04 74 70 16 00.
- Chambres d'hôtes, Mme Birot, Gîtes de France, ouvert toute l'année, possibilité de table d'hôte, tél. 04 74 70 13 88.

• Monchanin (69770 Montrottier)
- Chambres d'hôtes, M. et Mme Bourrat, 2 chambres, tél. 04 74 70 13 96.

• Le Pothu (69690 Brullioles) (hors GR)
- Chambres d'hôtes, La maison de Noèmie, Mme Pierre, 3 cbres, tél. 04 74 26 58 08 / 06 74 83 15 49.

• Brullioles (69690)
- Hôtel-restaurant L'Auberge, place neuve, fermé le mercredi, 7 chambres, tél. 04 74 26 50 13.

• Le Thiollet (69610 Montromant) (hors GR)
- Chambres d'hôtes, Ferme du Thiollet, Gîtes de France, ouvert toute l'année, 4 chambres, tél. 04 78 81 00 93 ou 06 16 49 91 46.

• Yzeron (69510) (hors GR)
- Chambres d'hôtes, M. et Mme Schenck, Gîtes de France, ouvert toute l'année, 2 chambres, tél. 04 78 81 09 21 ou 06 88 22 76 05.

• Le Bois (69850 St-Martin-en-Haut) (hors GR à 500m)
- Camping, M. et Mme Ville, 04 78 48 60 83.

• Saint-Martin-en-Haut (69850)
- Hôtel-restaurant Le Relais des Bergers**, place de l'église, fermé le vendredi en basse saison, 18 chambres, tél. 04 78 48 51 22.

• Le Pont du Chier (69850 Saint-Martin-en-Haut) (hors GR à 1.5 km)
- Chambres d'hôtes, M. Villard, Gîtes de France, ouvert toute l'année, 3 chbres, tél. 04 78 48 61 38.

• Saint-André-la-Côte (69440)
- Chambres d'hôtes, M. et Mme Guyot, possibilité plateau repas, 1 chambre, tél. 04 78 81 61 16 / 06 73 94 56 80.

• Sainte-Catherine (69440)
- Hôtel-restaurant Les Farges 6 chambres, tél. 04 78 81 82 02.

• Le Châtelard (69440 Sainte-Catherine)
- Camping du Châtelard, ouvert du 1er mars à fin novembre, tel 04 78 81 80 60.

• Le Balay (42800 Saint-Romain-en-Jarez) (hors GR à 400 m)
- Gîte d'étape : Auberge de la Champignière, ouvert toute l'année sur réservation, 15 couchages en dortoir, tél. 04 77 20 82 83.

• Saint-Christo-en-Jarez (42320) (hors GR à1 km)
- Gîte d'étape, ouvert toute l'année, 30 lits, tél. 04 77 20 85 19.

• La Glacière
- Chambre d'hôtes, M. et Mme Evieux, possibilité table d'hôtes, 2 chambres, tél. 04 77 22 85 69.

• Saint-Chamond (42300)
Se renseigner à l'O.T., tél. 04 77 31 04 41.

Sur le GR® de Pays *Tour des Monts du Lyonnais*

• L'Arbresle (69210)
- Hôtel La Tourterelle**, Logis de France, 20 chambres, tél. 04 74 0123 86.
- Hôtel Le Midi, 4 chambres tél. 04 74 01 23 86.
- Hôtel Le Terminus, 6 chambres 04 74 01 00 30.

• Eveux (69210) (hors GR)
- Chambres d'hôtes, M. et Mme Laville, Gîtes de France, ouvert toute l'année, 3 chambres, tél. 04 74 01 17 24.

• Sain-Bel (69210)
- Hôtel de la Gare, 7 chambres, tél. 04 74 01 24 01.
- Chambres d'hôtes, M. et Mme Humbert, Le Clos de Cabaran, Gîtes de France, 2 chambres, 04 74 72 50 06.

• Le Sonnay (69210 Sourcieux-les-Mines)
- Camping, Mr Carret, tél. 04 74 70 44 38.

• La Poizatière (69290 Pollionnay) (hors GR à l'Est de Pollionay)
- Chambre d'hôtes, M. et Mme Gailleton, 2 chambres, tél. 04 78 48 10 54.

• Yzeron (69510)
- Chambres d'hôtes, M. et Mme Schenck, Gîtes de France, ouvert toute l'année, 2 chambres, tél. 04 78 81 09 21 / 06 88 22 76 05.

• Le Thiollet (69610 Montromant) (hors TML)
- Chambres d'hôtes, Ferme du Thiollet, Gîtes de France, ouvert toute l'année, 4 chambres, tél. 04 78 81 00 93 / 06 16 49 91 46.

Des Avergues jusqu'à 1 km avant La Croix Bicouri parcours commun avec le GR 7 (voir ci-dessus : hébergements du GR® 7)

• Châtelus (42140 Marcenod) (hors GR à 3,5 km)
- Gîte d'étape et chambre d'hôtes, La Prébende, M. Masset, Gîtes de France, ouvert toute l'année, auberge sur place, 30 personnes, tél. 04 77 20 76 12 / 06 16 22 00 71.

• Larajasse (69590)
- Hôtel-restaurant Les 3 clochers, 4 chambres, tél. 04 78 48 40 66.

• Coise (69590)
- Chambres d'hôtes, restaurant, Le Petit Coisataire,

Gîtes de France, Le Bourg, 4 chambres, tél. 04 78 44 49 90.

• Saint-Symphorien-sur-Coise (69590)
- Hôtel-restaurant Vernay, 6 chambres, tel. 04 78 48 44 44.
- Camping de Hurongues****, ouvert début avril à début octobre, tél. 04 78 48 44 29.

• Aveize (69610) (hors TML)
- Hôtel-restaurant Rivollier, Le Bourg, fermé le dimanche soir, 8 chambres, tél. 04 74 26 01 08.

• Sainte-Foy-l'Argentière (69610)
- Hôtel-restaurant de la Poste, fermé le mercredi, 8 chambres, tél. 04 74 70 02 75.

• La Grand Maison (69770 Longessaigne) (hors TML à 0.5 km)
- Camping, Mr Bador, tél. 04 74 26 56 58.

• Monchanin (69770 Montrottier)
- Chambres d'hôtes, M. et Mme Bourrat, 2 chambres, tél. 04 74 70 13 96.

• Mazieux (69770 Montrottier),
- Chambres d'hôtes, M. et Mme Deroin Gîtes de France, possibilité table d'hôtes, 4 chambres, tél. 04 74 70 27 63.

• Lanay (69210 Savigny) (hors TML)
- Chambres d'hôtes, M. et Mme Demarest, Gîtes de France, ouvert toute l'année, 5 chambres, vente de produits fermiers, tél. 04 74 01 13 64.

• Combe Ribost (69210 Savigny) (hors TML à 3,5 km)
- Gîte d'étape Gîte des Caribous M. Ferrand, Gîtes de France, ouvert toute l'année, possibilité livraison repas, 4 chambres 16 personnes, tél. 04 74 01 22 98 ou 06 71 12 11 75.

Sur la liaison Mâcon Loché - GR® 7

• Gare de Mâcon Loché TGV
- Hôtel Balladins à 400m de la gare, Espace les Bethilliers, 71850 Charnay-les-Mâcon, 30 chambres, tél. 03 85 22 82 12.

• Les Galopières (71680 Vinzelles) (hors GR à 2 km au Sud de Vinzelles)
- Chambres d'hôtes, M. Spay, ouvert du 5 juillet au 31 décembre, restaurant 2 km, 4 chambres, tél. 03 85 32 90 32 / 06 20 52 65 83.

• Fuissé (71960) (hors GR)
- Hôtel-restaurant La Vigne Blanche** 10 chambres, tél. 03 85 35 60 50 ou 06 09 45 19 13.

• La Grange du Bois (71960 Solutré Pouilly)
- Chambres d'hôtes, Mme K Gribenski, ouvert toute l'année, restaurant à 50 m, 3 chambres, tél. 03 85 35 85 28.

• Cenves (69840)
- Gîtes d'étape, mairie de Cenves, Melle Rouxel, Gîtes de France, ouvert toute l'année, possibilité restauration à proximité, 3 gîtes, 60 personnes au total, tél. 04 74 04 67 15.
- Hôtel restaurant Dargaud, Le Bourg, 8 chambres, tél. 04 74 04 61 39.

• Le Carruge (69860 Ouroux)
- Gîte d'étape, M. et Mme Gauthier, Gîtes de France, 11 personnes tél. 04 74 04 60 05

• Ouroux (69860)
- Gîte d'étape, Animation des deux Grosnes, Le Bourg, Gîtes de France, ouvert toute l'année, 43 personnes, tél. 04 74 04 63 65.

• Gros-Bois (69860 Ouroux)
- Gîte d'étape, M. Mavet et Mme Martin, Gîtes de France, 25 personnes, tél. 04 74 04 63 96.

• Col de Crie (69860 Monsols)
- Gîte d'étape intercommunal du col de Crie, Gîtes de France, casse-croûte, 10 personnes, tél. 04 74 04 77 83.

• Monsols (69860) (hors GR à 2,5 km)
- Hôtel du commerce, M. et Mme Moizy, fermé en août et les mercredis et dimanches après midi, 5 chambres, tél. 04 74 04 71 33.
- Chambres d'hôtes Mme Tribolet, Gîtes de France, 2 chambres, tél. 04 74 04 74 03.

• Le Charnay (69860 Monsols) (à 1,5 km au Nord-Ouest de Monsols)
- Chambres d'hôtes, 3 chambres, tél. 04 74 04 74 03 / 06 78 53 16 86.

Malgré nos vérifications, des oublis ou erreurs ont pu se glisser, notamment dans la liste d'hébergements. De nouveaux établissements ont pu s'ouvrir, d'autres fermer, des numéros de téléphone ont pu changer, depuis l'édition de ce topo-guide. Merci de nous le signaler ; nous en tiendrons compte dans la prochaine édition.

▶ Pour faciliter la lecture du tableau ci-dessous, les communes sont citées dans le sens du parcours décrit dans le topo-guide. Pour calculer la longueur d'une étape, il suffit d'additionner les chiffres de la colonne de gauche et d'ajouter, si votre lieu d'hébergement se situe hors GR, la distance figurant entre parenthèses.

distances en km	LOCALITÉS / RESSOURCES	Pages	Gîte d'étape	Hôtel	Chambre d'hôte	Camping	Ravitaillement	Restauration	Cafés	Car	Gare
	▶ MATOUR (hors GR, à 2,5 km) GR® 7	101		•		•	•	•	•	•	
3	▶ AIGUEPERSE (hors GR, à 3 km)	101		•				•	•		
2,5	SAINT-BONNET-DES-BRUYÈRES	101		•			•	•	•		
3	▶ SAINT-IGNY (hors GR, à 2,5 km)	101		•	•		•	•	•		
9,5	▶ PROPRIÈRES (hors GR, à 3 km)	103		•		•	•	•	•		
4	COL DES ECHARMEAUX	105		•				•	•	•	
2	▶ POULE-LES-ECHARM. (hors GR, à 3 km)	105		•		•	•	•	•	•	•
3	▶ RANCHAL (hors GR, à 2 km)	105		•			•	•	•		
5	▶ SAINT-BONNET (hors GR, à 1,5 km)	107					•	•			
0	▶ SAINT-NIZIER-D'AZ. (hors GR, à 2,5 km)	107	•				•	•	•		
6	▶ MEAUX-LA-MONT. (hors GR, à 1 km)	107	•			•		•	•		
3	▶ CUBLIZE (hors GR, à 4 km)	111			•	•	•	•	•		
4,5	▶ ST-JUST-D'AVRAY (hors GR, à 2,5 km)	111	•		•		•	•		•	
2,5	▶ PIERREFITTE (hors GR, à 2,5 km)	111			•						
2	▶ AMPLEPUIS (hors GR, à 5 km)	113					•	•	•		•
5	LES SAUVAGES	113		•	•		•	•	•	•	
0	▶ LE CHARPENAY (hors GR, à 1,5 km)	113		•							
4	▶ MACHEZAL (hors GR, à 4,5 km)	115			•			•			
10	VIOLAY	115	•	•			•	•	•		
8	VILLECHENÈVE	117		•	•		•	•	•		
5	MONTCHANIN	117			•						
1,5	MONTROTTIER	117					•	•	•		
5	BRULLIOLES	119			•		•	•	•		
3	BRUSSIEU	119						•	•		
1,5	▶ LA GIRAUDIÈRE (hors GR, à 1 km)	119					•	•		•	
5,5	▶ LE THIOLLET (hors GR, à 1,5 km)	121			•						
1,5	▶ YZERON (hors GR, à 2,5 km)	121			•	•	•	•	•		
6	SAINT-MARTIN-EN-HAUT	121		•	•		•	•	•	•	
6	SAINT-ANDRÉ-LA-CÔTE	121			•						
4,5	SAINTE-CATHERINE	123		•				•	•		
3	▶ LE BALAY (hors GR, à 0,5 km)	123	•					•			
3	▶ MARCENOD (hors GR, à 2 km)	125					•	•	•		
2	▶ SAINT-CHRISTO (hors GR, à 1 km)	125	•				•	•	•		
3,5	▶ SORBIERS (par variante, à 7 km)	129					•	•	•	•	
7	SAINT-CHAMOND	125		•	•		•	•	•	•	•

Gîte d'étape, refuge chalet-séjour, centre d'accueil — Hôtel, auberge, ferme-auberge — Chambre d'hôte — Camping — Ravitaillement — Cafés — Restauration dans les hébergements ou restaurant — OT/SI * — Distributeur de billets * — Car — Gare

* ne figurent que dans le descriptif.

distances en km	LOCALITÉS / RESSOURCES	Pages	Gîte d'étape	Hôtel	Chambre d'hôte	Camping	Ravitaillement	Restauration	Cafés	Car	Gare
	L'ARBRESLE ***GRP TML***	131		•			•	•	•	•	•
3	SAIN-BEL	131		•	•		•	•		•	•
2	▶ SOURCIEUX-LES-M. (hors GR, à 0,8 km)	131		•			•	•	•	•	
6	COL DE LA CROIX-DU-BAN	131						•	•		
9	▶ YZERON (hors GR, à 2 km)	133			•	•	•	•	•		
6,5	▶ LE THIOLLET (hors GR, à 1,5 km)	135			•						
1,5	▶ YZERON (hors GR, à 2,5 km)	135			•	•	•	•	•		
6	SAINT-MARTIN-EN-HAUT	135		•	•		•	•	•	•	
6	SAINT-ANDRÉ-LA-CÔTE	135			•						
4,5	SAINTE-CATHERINE	137		•				•	•		
5	▶ LE BALAY (hors GR, à 0,5 km)	137	•					•			
6	▶ CHÂTELUS (hors GR, à 3,5 km)	137	•		•			•			
1,5	LARAJASSE	139		•			•				
2	COISE	139			•		•	•			
3	SAINT-SYMPHORIEN-SUR-COISE	139		•		•	•	•	•	•	
3	POMEYS	139					•	•	•		
3	▶ AVEIZE (hors GR, à 2,5 km)	143		•			•	•	•		
7	SAINTE-FOY-L'ARGENTIÈRE	143		•			•	•	•	•	
4,5	▶ ST-LAURENT-DE-CH. (hors GR, à 1 km)	143					•	•	•	•	
8	MONTCHANIN	145			•						
1,5	MONTROTTIER	145					•	•	•		
8	▶ ST-JULIEN-SUR-B. (hors GR, à 2,5 km)	147					•	•			
4	▶ GRANDES-TERRES (hors GR, à 0,5 km)	147			•						
2	SAVIGNY	147	•				•	•	•		
2,5	SAIN-BEL	147		•	•		•	•	•	•	•
3	L'ARBRESLES	147		•			•	•	•	•	•
	MÂCON-LOCHÉ ***liaison***	149		•						•	•
2,5	▶ FUISSÉ (hors GR, à 1 km)	149		•							
4,5	▶ SOLUTRÉ-POUILLY (hors GR, à 2 km)	149					•	•	•		
2,5	LA GRANGE-DU-BOIS	149			•			•			
6,5	CENVES	151	•	•	•			•	•		
6	▶ FERME CARRUGE (hors GR, à 0,5 km)	151	•								
1	OUROUX	151	•				•		•		
8	COL DE CRIE	153	•							•	
0	▶ MONSOLS (hors GR, à 2,5 km)	153	•		•		•	•	•	•	

Gîte d'étape, refuge chalet-séjour, centre d'accueil — Camping — Restauration dans les hébergements ou restaurant — Distributeur de billlets *

Hôtel, auberge, ferme-auberge — Ravitaillement — Car

Chambre d'hôte — Cafés — OT/SI * — Gare

* ne figurent que dans le descriptif.

Comment utiliser le topo-guide

Pour comprendre la carte IGN

Courbes de niveau	
Altitude	• 974

Les courbes de niveau
Chaque courbe est une ligne (figurée en orange) qui joint tous les points d'une même altitude. Plus les courbes sont serrées sur la carte, plus le terrain est pentu. À l'inverse, des courbes espacées indiquent une pente douce.

- Route
- Chemin
- Sentier
- Voie ferrée, gare
- Ligne à haute tension
- Cours d'eau
- Nappe d'eau permanente
- Source, fontaine
- Pont
- Eglise
- Chapelle, oratoire
- Calvaire
- Cimetière
- Château
- Fort
- Ruines
- Dolmen, menhir
- Point de vue

D'après la légende de la carte IGN au 1 : 50 000.

Les sentiers de Grande Randonnée® décrits dans ce topo-guide sont **tracés en rouge** sur la carte IGN au 1 : 50 000 (**1 cm = 500 m**).

La plupart du temps, les cartes sont reproduites «à la française» : le texte est horizontal et le Nord est situé en haut de la carte. Lorsqu'elles sont reproduites «à l'italienne» (comme sur l'exemple ci-contre), le Nord est à gauche.

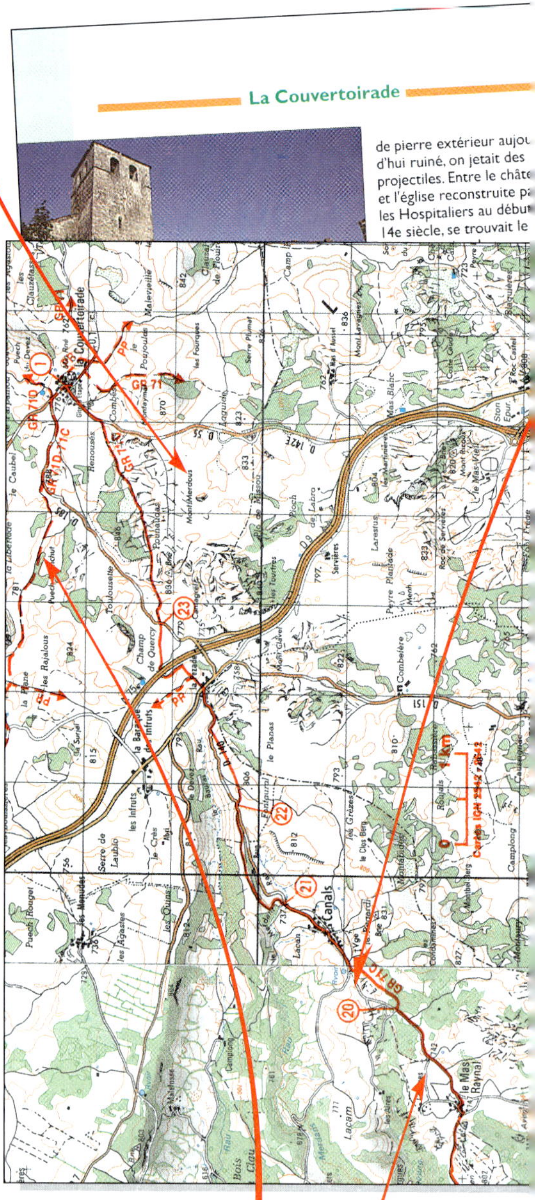

Autres sentiers de Grande Randonnée® dans la région.

Sentier décrit

des Sentiers de Grande Randonnée® ?

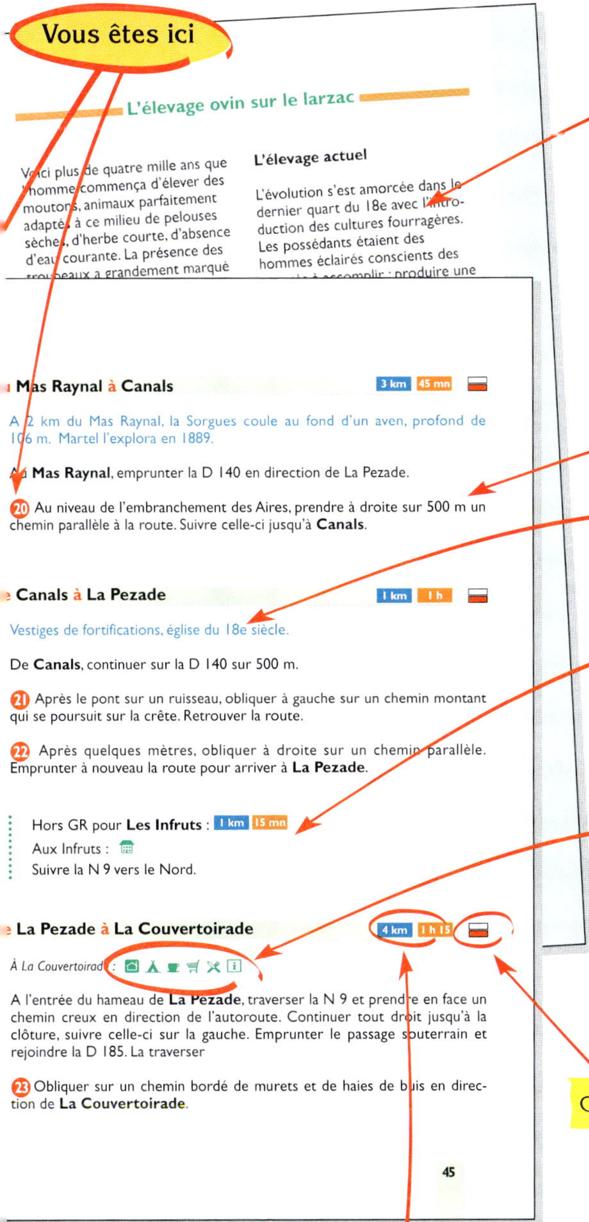
Vous êtes ici

L'élevage ovin sur le larzac

Voici plus de quatre mille ans que l'homme commença d'élever des moutons, animaux parfaitement adaptés à ce milieu de pelouses sèches, d'herbe courte, d'absence d'eau courante. La présence des troupeaux a grandement marqué

L'élevage actuel

L'évolution s'est amorcée dans le dernier quart du 18e avec l'introduction des cultures fourragères. Les possédants étaient des hommes éclairés conscients des ... à accomplir : produire une

Mas Raynal à Canals 3 km 45 mn

A 2 km du Mas Raynal, la Sorgues coule au fond d'un aven, profond de 106 m. Martel l'explora en 1889.

Au **Mas Raynal**, emprunter la D 140 en direction de La Pezade.

20 Au niveau de l'embranchement des Aires, prendre à droite sur 500 m un chemin parallèle à la route. Suivre celle-ci jusqu'à **Canals**.

Canals à La Pezade 1 km 1 h

Vestiges de fortifications, église du 18e siècle.

De **Canals**, continuer sur la D 140 sur 500 m.

21 Après le pont sur un ruisseau, obliquer à gauche sur un chemin montant qui se poursuit sur la crête. Retrouver la route.

22 Après quelques mètres, obliquer à droite sur un chemin parallèle. Emprunter à nouveau la route pour arriver à **La Pezade**.

Hors GR pour **Les Infruts** : 1 km 15 mn
Aux Infruts :
Suivre la N 9 vers le Nord.

La Pezade à La Couvertoirade 4 km 1 h 15

À La Couvertoirade :

A l'entrée du hameau de **La Pezade**, traverser la N 9 et prendre en face un chemin creux en direction de l'autoroute. Continuer tout droit jusqu'à la clôture, suivre celle-ci sur la gauche. Emprunter le passage souterrain et rejoindre la D 185. La traverser

23 Obliquer sur un chemin bordé de murets et de haies de buis en direction de **La Couvertoirade**.

45

Pour découvrir **la nature** et **le patrimoine** de la région.

Description précise du sentier de Grande Randonnée®.

Quelques infos touristiques

Le Hors GR est un itinéraire, généralement **non balisé**, qui permet de rejoindre un hébergement, un moyen de transport, un point de ravitaillement. *Il est indiqué en tirets sur la carte.*

Pour savoir **où manger, dormir, acheter des provisions, se déplacer en train ou en bus, etc.**

(voir le tableau et la liste des hébergements et commerces).

Couleur du **balisage**.

Le temps de marche pour aller de **La Pezade** à **La Couvertoirade** est de 1 heure et 15 minutes pour une distance de 4 km.

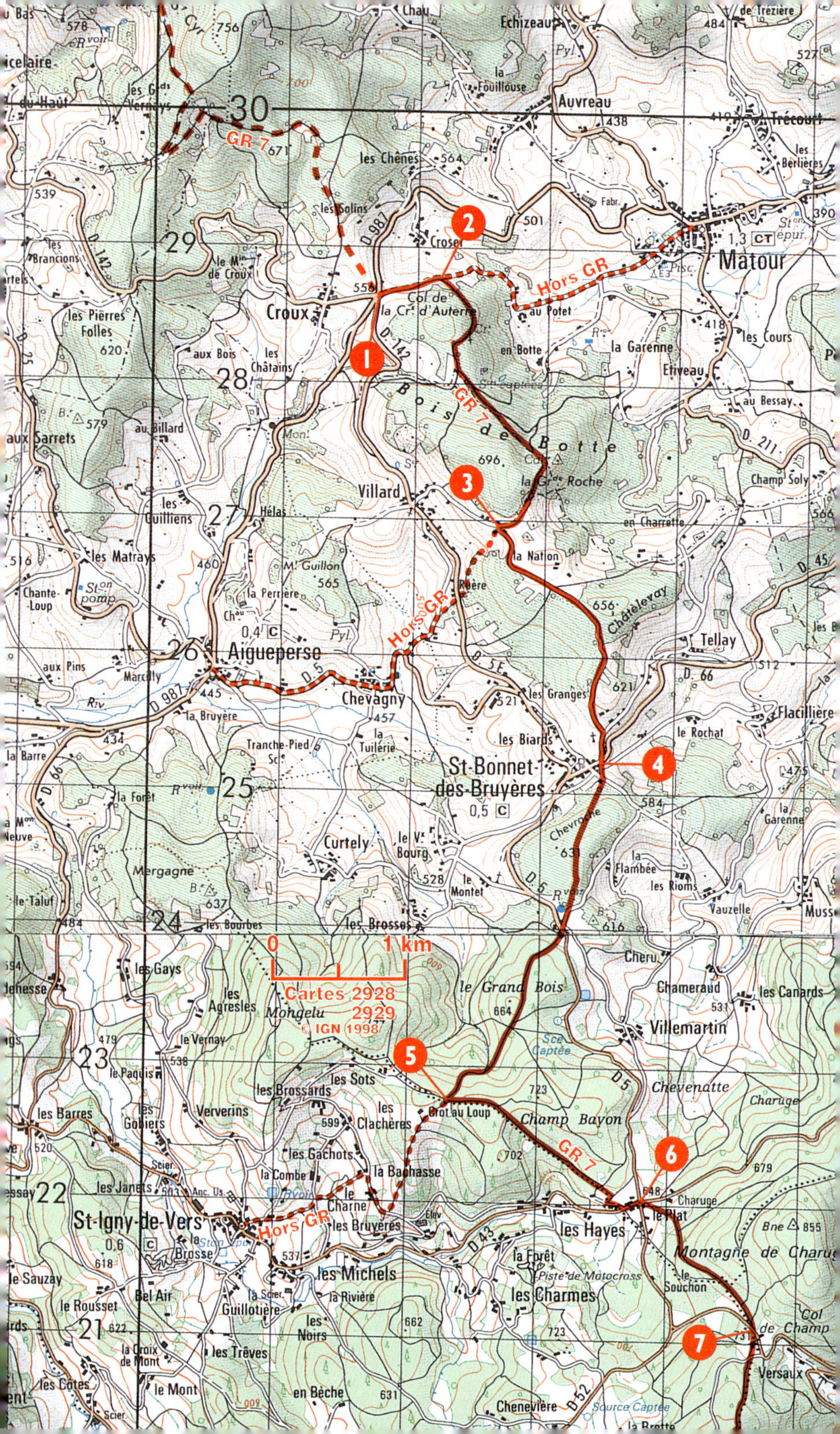

GR 7
Hors GR
1
2
3
4
5
6
7
0
1 km
Cartes 2928
2929
© IGN 1998
Matour
Croux
Col de la Cr.x d'Auterre
Crosel
Bois de Botte
la Gde Roche
Villard
la Nation
Aigueperse
Chevagny
St-Bonnet-des-Bruyères
les Granges
les Biards
le Rochat
Chevroche
le Grand Bois
Crot au Loup
Champ Bayon
le Plat
Charuge
Montagne de Charug
Col de Champ
Versaux
les Hayes
St-Igny-de-Vers
les Michels
les Charmes
Villemartin
Chameraud
les Canards
Chenevière
Auvreau
Trécourt
les Chênes
les Solins
la Garenne
en Botte
au Potet
Eliveau
Tellay
Flacillière
Curtely
le Vx Bourg
les Brosses
les Bourbes
Mergagne
les Matrays
les Guilliens
aux Sarrets
la Perrière
Mt Guillon
Hélas
les Châtains
aux Bois
les Pierres Folles
les Brancions
le Mn de Croux
les Gds Vernays

Les itinéraires

Le sentier GR® 7

du col de la Croix-d'Auterre à Saint-Chamond

► Le GR® 7, itinéraire de partage des eaux entre l'Atlantique et la Méditerranée, venant du ballon d'Alsace, dans les Vosges, quitte le département de Saône-et-Loire et entre dans le département du Rhône peu après le col de la Croix-d'Auterre.

Du col de la Croix-d'Auterre à un embranchement

500 m 10 mn

1 Au **col de la Croix-d'Auterre** (557 m), franchir la D 987 et descendre par le chemin empierré sur 150 m. Ne pas prendre le sentier herbeux qui part à gauche, mais rester sur celui du haut qui domine Matour et continuer sur 350 m jusqu'à un **embranchement**.

Hors GR® pour Matour : 2,5 km 35 mn

A Matour :

Poursuivre par le chemin dans l'axe et descendre à Matour (485 m).

De l'embranchement aux Charmes

2,5 km 40 mn

2 A l'**embranchement**, monter à droite, entrer dans le bois du Potet, passer la croix de Jean-de-Botte (*ermite*), continuer à monter, tourner à gauche et parvenir près de la Grande Roche (*à 100 m à gauche, calvaire et point de vue sur la vallée de la Grosne*). Poursuivre par un bon chemin puis une route et déboucher aux **Charmes** (660 m).

Hors GR® pour Aigueperse : 3 km 45 mn

A Aigueperse :

Juste après une maison beige, prendre le chemin herbeux qui descend à **Aigueperse** (450 m). Croix du Repos sur la place et église XIIe.

Des Charmes à Saint-Bonnet-des-Bruyères

2,5 km 40 mn

A Saint-Bonnet-des-Bruyères :

3 Aux Charmes, suivre la route à gauche sur 2 km et gagner Saint-Bonnet-des-Bruyères (550 m).

De Saint-Bonnet-des-Bruyères au croisement du Crot-à-Loup

3 km 45 mn

4 Franchir la D 66, à **Saint-Bonnet-des-Bruyères**, continuer par la route en face sur 150 m puis, derrière la maison, prendre le sentier caillouteux qui monte à Chevroche. Traverser le bois, poursuivre par la route (*grange pouvant servir d'abri*), puis couper la D 5 à la croix de Villemartin. S'engager en face, le long de la maison, et monter par le sentier dans le Grand bois jusqu'au **croisement du Crot-à-Loup** (*cinq chemins*, 696 m).

Hors GR® pour Saint-Igny-de-Vers : 2,5 km 35 mn

A Saint-Igny-de-Vers :

Descendre par un bon chemin gravillonné à **Saint-Igny** (550 m).

5
6
7
8
9
10
11
12
13
GR 7
GR 76 A
Hors GR
Var.
Variante
0
1 km
Carte 2929
© IGN 1998
le Grand Bois
Chameraud
les Canards
Villemartin
Chevenatte
Charuge
Champ Bayon
Crot au Loup
les Brossards
les Sots
Clachères
Ververins
les Gachots
la Bachasse
la Combe
Charne
les Bruyères
Vers
la Brosse
les Michels
la Rivière
Guillotière
les Hayes
le Plat
la Forêt
Piste de Motocross
les Charmes
Montagne de Charuge
le Souchon
Col le Champ Juin
la Relandière
Versaux
les Jacquets
les Humberts
la Côte
les Trêves
en Bèche
Chenevière
Source Captée
la Brette
les Avertais
Ajoux
le Gazot
les Gettes
la Haye du Pont
les Bois
les Communaux d'Ajoux
les Maréchaux
les Jorys
Bois Bail
le Châtelard
les Canots
la Croix de l'Horme
Montagne de Theyssonnière
Vibus
les Perdus
les Blanchons
Bois des Mouilles
Creux des Fonderies
Hausse
les Jugnets
la Garenne
les Jolivets
Vallon du Sorlin
Mont St. Rigaud
Bois des Écluses
la Fabrique
la Bourdonnière
Rocharrière
le Briday
Chirette
Audin
Bois de la Farge
Bois de la Verrière
le Nervet
la Farge
les Croux
Théodon
la Combe
Mont Monet
le Peuillon
Col de Patoux
Champommier
les Condemines
le Berthelier
la Gardette
les Henrieux
les Sagnauds
le Mort
le Paquier
les Cadolles
Fontbel
les Chières
les Bois
les Fonds Carrés
en Foussemagne
Pétassé
le Delphin
la Creuse
la Croix d'Ajoux
le Couty
Fontchaton
les Jouberts
la Douze
la Molière
la Guise
les Fouchets
les Correaux
Bois d'Ajoux
Roche d'Ajoux
le Sapely
la Voisinée
la Collonge
les Granges Neuves
les Vernes
Azergues
la Combe
les Petits Charmeaux
les Écharmeaux
le Grand Bois
Chansaye
les Éperons
Chénelette
le Mont Joly

Du croisement du Crot-à-Loup au pied du mont Saint-Rigaud

6 km | 1 h 30

5 Au **croisement du Crot-à-Loup**, virer à gauche dans un large chemin empierré qui monte dans le bois de Champ-Bayon puis redescend. Prendre la route à gauche, la D 43 à gauche et traverser le carrefour routier.

6 Après la première maison, s'engager à droite sur le sentier qui s'élève sur le flanc de la montagne de Charuge et déboucher sur la D 43 au col du Champ-Juin (726 m).

7 La suivre à gauche, puis utiliser à droite la sente qui coupe la route forestière.

▶ Variante par la route forestière jusqu'à la croix d'Ajoux (7 km et 7,5 km par le GR®).

Elle s'élève dans la sapinière. Continuer par la route forestière sur 300 m, prendre le chemin à droite sur 150 m, se diriger à gauche sur 800 m, descendre à droite sur 100 m, puis remonter à gauche. Poursuivre par la route forestière sur 300 m jusqu'à un embranchement situé au pied du **mont Saint-Rigaud** (900 m).

▶ Jonction avec le GR® 76A qui arrive à gauche de la gare TGV de Mâcon-Loché (*voir pages 148 à 153*).

▶ Plusieurs chemins montent au sommet du mont Saint-Rigaud en 20 mn (*1009 m, point culminant du département du Rhône*). La fontaine miraculeuse est réputée pour ses nombreuses vertus (*rendre leur fertilité aux femmes et guérir les rhumatismes*). Ses fidèles viennent y déposer des petites croix faites de branches d'arbustes. Au sommet, vue étendue depuis la table d'orientation située en haut de la tour.

Du pied du mont Saint-Rigaud au croisement des Cadolles

3,5 km | 1 h

8 Laisser la route forestière et descendre à droite par un chemin raviné dans le bois des Ecluses. Virer à droite, puis remonter par la route à gauche sur 150 m jusqu'à une aire de débardage. Continuer en face par le chemin qui contourne le vallon, franchit le Sornin (*site naturel classé des gorges du Sornin*) et monte au carrefour de Coquinant.

9 Poursuivre jusqu'à la route forestière puis, sans l'emprunter, redescendre par le chemin à droite sur 800 m et atteindre le **croisement des Cadolles** (823 m).

Hors GR® pour Propières : 3 km | 45 mn

Aux Bois :

A Propières :

Continuer tout droit, passer Les Cadolles, **Les Bois** et gagner **Propières** (650 m).

Du croisement des Cadolles à la croix d'Ajoux

1 km | 15 mn

10 Au **croisement des Cadolles**, remonter à gauche, emprunter la route forestière à droite et atteindre la **croix d'Ajoux** (853 m).

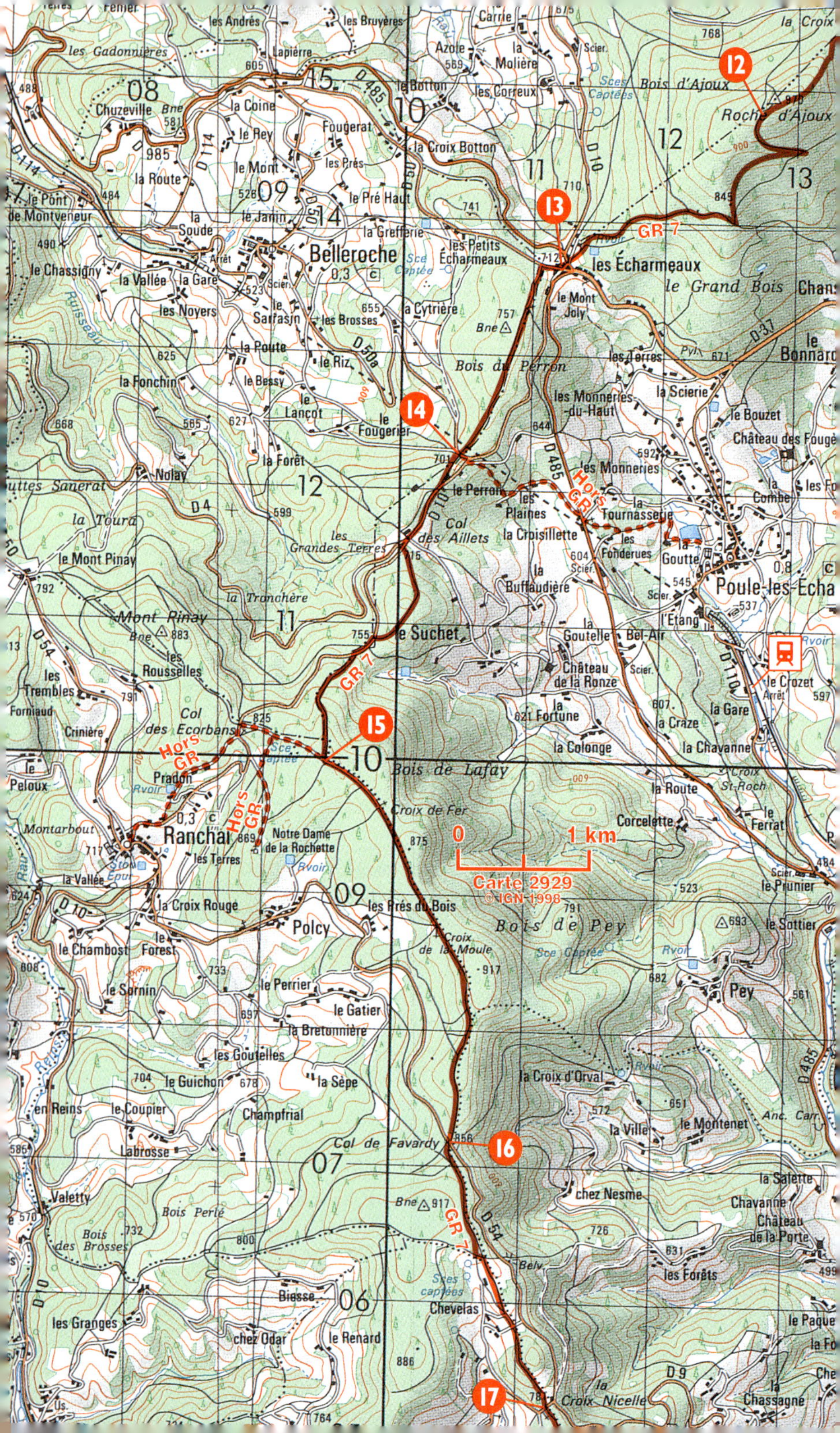

Belleroche
les Écharmeaux
Poule-les-Echa
Ranchal
GR 7
Hors GR
0
1 km
Carte 2929
© IGN 1998
12
13
14
15
16
17
Col des Aillets
Col des Ecorbans
Col de Favardy
Mont Rinay
le Suchet
Bois de Lafay
Bois de Pey
le Grand Bois
Roche d'Ajoux
Bois d'Ajoux
Bois du Perron
Château de la Ronze
Notre Dame de la Rochette
la Croix d'Orval
le Crozet
Polcy
Pey
Chevelas
la Croix Nicelle

De la croix d'Ajoux au col des Echarmeaux 4 km 1 h

Au col des Echarmeaux :

11 A la croix d'Ajoux traverser la route et emprunter le chemin forestier vers la roche d'Ajoux (aire de débardage) sur 100 m. Tourner à droite, puis grimper un raidillon caillouteux qui, en plusieurs lacets, conduit dans la hêtraie à la roche d'Ajoux (970 m).

▶ A 20 m à droite, vaste panorama sur Propières, les monts du Forez et du Roannais.

12 Descendre vers le Sud par un chemin rocailleux dans le bois de la Fée. Tourner deux fois à droite (bien suivre le balisage) et déboucher sur la D 485, à 100 m du col des Echarmeaux (carrefour de six routes ; au rond-point, statue de Napoléon Ier taillée dans la pierre par un sabotier du pays nommé Molette).

Du col des Echarmeaux à la D 50A 2 km 30 mn

13 Laisser le col des Echarmeaux à gauche, traverser (prudence) la D 485, puis emprunter la D 50 à droite sur 150 m et monter par le chemin à gauche, derrière l'hôtel des Nations, au mont Joly (statue de la Vierge). Continuer jusqu'à la D 50A (702 m).

Hors GR® pour Poule-les-Echarmeaux : 3 km 45 mn

A Poule-les-Echarmeaux :

Prendre la D50A à gauche, couper la D 10 puis la D 658 et descendre par le chemin à Poule-les-Echarmeaux (550 m).

De la D 50A au carrefour du bois de Lafay 3 km 45 mn

14 Traverser la **D 50A**, continuer tout droit par le chemin parallèle à la D 10 jusqu'au Perron, puis emprunter la D 10. Passer le col des Aillets, poursuivre sur 75 m. Monter à gauche dans le bois, prendre la D 10 sur 250 m, puis grimper dans la forêt par le sentier à gauche le long de la ligne de crête et parvenir au **carrefour du bois de Lafay** (870 m).

▶ Possibilité de se rendre à la chapelle Notre-Dame-de-la-Rochette (située sur un promontoire, aire de pique-nique) à 1,5 km : se diriger à droite sur 400 m, puis tourner à gauche (balisage jaune-blanc).

Hors GR® pour Ranchal : 2 km 30 mn

A Ranchal :

Gagner à droite le col des Ecorbans, puis descendre à gauche à Ranchal (722 m).

Du carrefour du bois de Lafay au col de Favardy 3 km 45 mn

15 Au carrefour du bois de Lafay, prendre le chemin empierré à gauche (panneau). Passer la croix de Fer, poursuivre sur la crête à travers bois et clairières, parvenir à la croix de la Moule, puis rester en crête avant de descendre au col de Favardy (856 m).

16
17
18
19
0
1 km
Cartes 2929
2930
© IGN 1998
Hors GR
Hors GR
Hors GR
GR 7
Col de Favardy
St-Nizier-d'Azergues
St-Bonnet-le-Troncy
Meaux-la-Montagne
FORÊT
DE
PRAMENOUX
Col de la Cambuse
la Croix d'Orval
la Croix Nicelle
Chevelas
Biesse
chez Odar
le Renard
les Granges
Valetty
Bois Perlé
Bois des Brosses
Champfrial
le Guichon
le Coupier
en Reins
Labrosse
les Goutelles
la Bretonnière
le Gatier
le Sornin
le Perrier
la Sèpe
chez Nesme
la Ville
le Montenet
la Salette
Chavanne
Château de la Porte
les Forêts
la Chassagne
Ronçon
Goguelu
le Gaillard
l'Allier
le Suchet
le Marton
la Clette
les Roches
les Métairies
Bois des Bothières
Bois de la Faye
les Grands Butins
les Filatures
la Pierrasse
Goutte Romaine
Crêt de la Bonne
le Pilon
Montout
le Chambon
les Valentines
la Bruchevalière
Cambry
Croix de Fer
l'Echaillier
les Rivières
Frelon
Pizerou
le Troncy
les Grandes Terres
Casse Froide
Bois de Frelon
Croix Coyard
l'Ardiller
la Forêt
Chapelin
Lacheron
Vermorel
le Souffle
Lurcy
le Grand Chemin
l'Etang
Barbery
Placillard
la Grange Neuve
le Far
en Pointu
Us. aband.
le Munal
les Noirs
Chantoiseau
Magny
Bussières
Roche des Fées
les Theyssonnières
les Grandes Terres
les Brosses
Crêt des Alouettes
les Frettes
Villard
Goujon
Boutouge
le Perrin
la Marche
Crêt de Gondras
le Gathier
Montgrand
Château de Magny
les Ducs
la Combe
le Bois de la Vache
Gondras
les Igaux
Chavanet
le Tatu
le Chollet
les Places
Croix des Aliziers
Ruisseau de Gondras
Nuizières
D 54
D 9
D 504
D 94
D 10
D 485

Du col de Favardy à la croix Nicelle

2 km 30 mn

Le Rhône possède la plus importante forêt départementale de France. En feuillus et résineux, elle couvre près de 50 % du territoire du Haut-Beaujolais dont 25 000 ha en résineux. Douglas et sapins pectinés occupent des surfaces voisines. Depuis la tempête de 1999, ces surfaces ont considérablement été touchées ; en certains endroits, près des 2/3 ont été saccagées. Dans tout ce secteur à faible densité humaine, le bois est l'activité principale.

16 Au **col de Favardy**, traverser la D 54, ignorer le large chemin forestier en face, mais prendre légèrement à sa gauche le chemin de terre qui, en restant parallèle à la D 54, monte sur le versant Est d'une petite butte. A l'orée du bois, tourner à gauche en lisière, descendre en dominant la ferme de Chevelas, poursuivre par la route, puis remonter dans la forêt par un petit sentier herbeux pour déboucher sur la D 9, à la **croix Nicelle** (782 m).

Hors GR® pour Saint-Bonnet-le-Troncy : 1,5 km 20 mn

A Saint-Bonnet-le-Troncy :

Prendre la D 9 à droite et des raccourcis pour descendre à Saint-Bonnet-le-Troncy (700 m).

Hors GR® pour Saint-Nizier-d'Azergues : 2,5 km 40 mn

A Saint-Nizier-d'Azergues :

Prendre la D 9 à gauche et des raccourcis pour descendre à Saint-Nizier-d'Azergues (531 m).

De la croix Nicelle au col de la Croix-de-Villard

6 km 1 h 30

17 A la croix Nicelle, couper la D 9 et continuer sur la ligne de crête par le chemin forestier en direction du Plat des Mollards. Passer la croix Serment, la croix du Sud (vue sur la vallée de l'Azergues), traverser le Placillard (jonction avec le circuit Azur, balisage blanc-bleu), parvenir à la roche aux Fées, descendre et, par la D 617, atteindre le col de la Croix-de-Villard (730 m).

Hors GR® pour Meaux-la-Montagne : 1 km 20 mn

A Meaux-la-Montagne :

Descendre à droite par la D 617 jusqu'à Meaux-la-Montagne (650 m).

Du col de la Croix-de-Villard au col de la Cambuse

1 km 15 mn

18 Au col de la Croix-de-Villard, prendre la route à gauche sur 100 m, puis la piste forestière à droite. Elle débouche sur la D 94, à l'Ouest du col de la Cambuse (708 m).

L'itinéraire domine ensuite la vallée du Reins. Le lac des Sapins, plan d'eau de 40 ha, à proximité de Cublize, est très fréquenté l'été par les amateurs de loisirs nautiques.

Les idées reçues sur la forêt et le bois

1) Vrai ou faux ?
La forêt diminue !

....

2) Vrai ou faux ?
La forêt est surtout résineuse !

....

3) Vrai ou faux ?
La forêt est en bonne santé !

....

4) Vrai ou faux ?
La forêt pousse toute seule !

....

5) Vrai ou faux ?
Couper des arbres, c'est ruiner la forêt !

....

6) Vrai ou faux ?
Le bois est un matériau écologique !

....

Les réponses :

1) Faux
Avec plus de 14 millions d'hectares, elle couvre 26 % du territoire français. Elle s'est accrue de 35 % depuis 1945 et a ainsi retrouvé une superficie importante.

2) Faux
Les feuillus sont largement majoritaires : 66 % des peuplements sur le plan national et 55 % dans le Rhône. Les résineux constituent généralement des peuplements naturels productifs ou de protection en montagne.

3) Oui et non
La forêt française se porte bien.
Comme tout organisme vivant, elle peut être victime de maladies, parasites, sécheresses, tempêtes ; les forestiers aident à sa régénération et à sa reconstitution.

4) Oui et non
Oui, mais … sa gestion permet la production de bois de qualité, la création d'emplois, la protection contre les crues et les avalanches, le maintien de sa diversité ainsi que l'accueil des promeneurs dans une forêt agréable.

5) Faux
Pour une gestion et un développement durable, la coupe d'arbres (éclaircies) est nécessaire. Outre la récolte de bois, elle favorise la croissance des plus beaux arbres et assure la pérennité de la forêt.

6) Vrai
Seule ressource naturelle renouvelable, la forêt stocke du carbone et diminue ainsi l'effet de serre. Privilégier le bois, peu consommateur d'énergie dans la construction, c'est respecter les grands équilibres de la planète.

Informations fournies par le C.R.P.F. Rhône-Alpes

L'accueil du public en forêt

Les Français aiment la forêt et plus d'un tiers s'y rend une fois par mois. Dans le Rhône, la forêt privée est largement majoritaire avec 96 % des surfaces forestières. Vous trouverez au détour d'un chemin des panneaux de signalisation installés par les propriétaires indiquant que vous êtes en « forêt privée ». Le droit français n'accorde pas au public la permission d'accèder aux forêts privées mais ne l'interdit pas tant que son exercice n'entraîne aucun dommage. Cette tolérance s'exerce à condition que le propriétaire ne manifeste pas son opposition par la mise en place d'une clôture ou par l'apposition de panneaux bien visibles sur lesquels on pourra lire « promenade interdite : propriété privée ».

C.R.P.F. Rhône-Alpes tél. 04 72 53 60 90

Recommandations aux randonneurs

Les propriétaires forestiers tolèrent les promeneurs dans la mesure où ils ne dégradent pas leur forêt et respectent les semis, plantations et futaies.

Extrait de la « Charte du promeneur en forêt » :

Il sait que le feu est l'ennemi de la forêt,
Il n'abandonne pas ses détritus en forêt,
Il modère ses cueillettes et sait que les fleurs arrachées ne repoussent pas,
Il respecte les routes forestières fermées et les chemins balisés,
Il fait attention à son chien,
Les animaux sont chez eux, le promeneur les laisse en paix,
Il demande une autorisation pour le ramassage de bois mort,
Il sait que les coupes d'arbres sont nécessaires à la bonne gestion de la forêt,
Il sait que les jeunes pousses sont fragiles. Il se garde de troubler leur croissance.

C.R.P.F. Rhône-Alpes tél. 04 72 53 60 90

Photo M.M. / CDRP42.

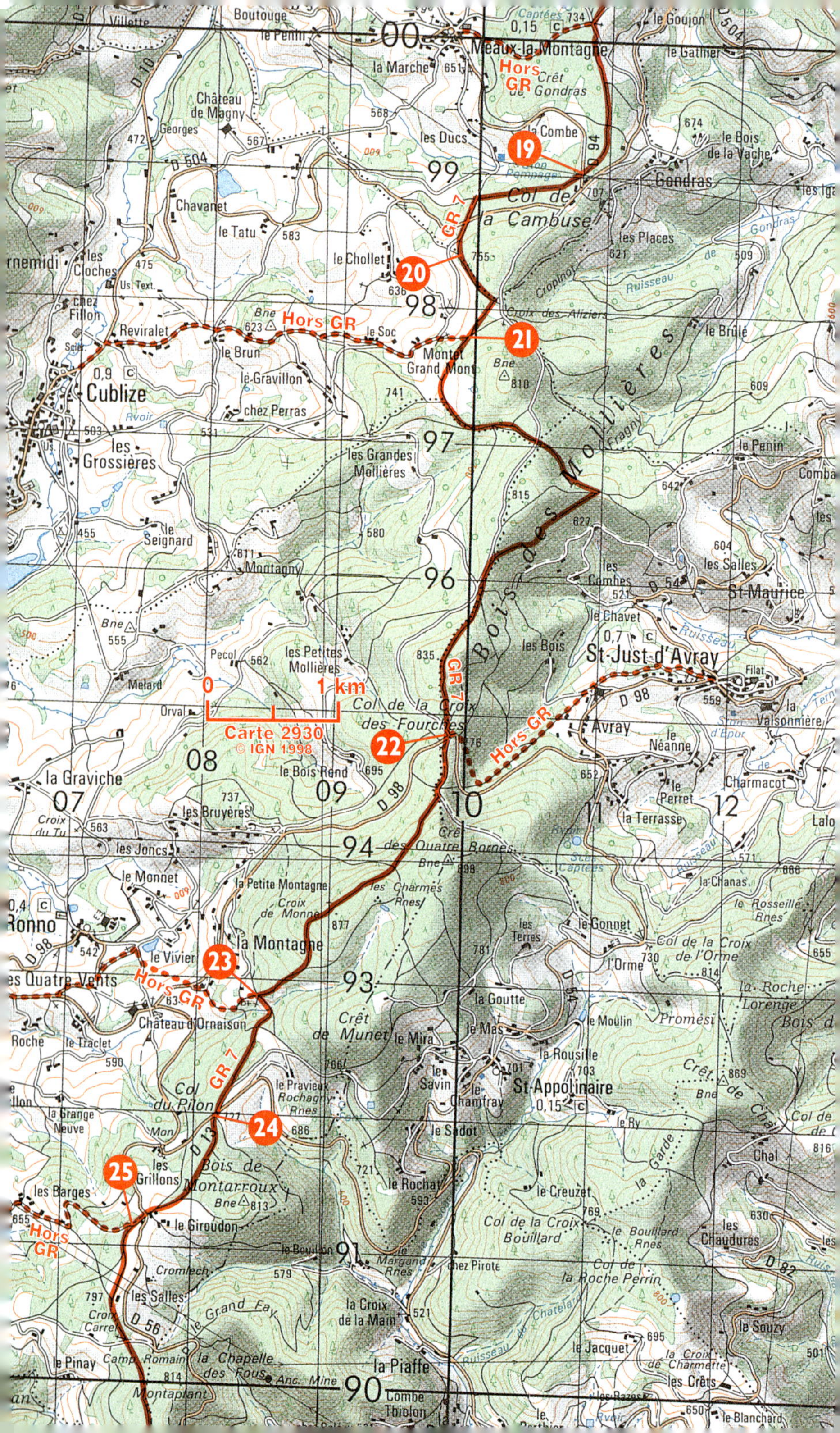
Meaux-la-Montagne
Hors GR
Crêt de Gondras
19
Col de la Cambuse
GR 7
20
Hors GR
21
Cublize
les Grossières
les Grandes Mollières
Bois des Mollières
St Maurice
St-Just-d'Avray
Col de la Croix des Fourches
22
0
1 km
Carte 2930
© IGN 1998
Hors GR
Avray
Ronno
les Quatre Vents
23
Hors GR
la Montagne
Crêt de Munet
St-Appolinaire
Col du Pilon
GR 7
24
25
Bois de Montarroux
Hors GR
les Barges
le Giroudon
la Piaffe
Col de la Croix Bouillard
Col de la Roche Perrin

Du col de la Cambuse au Cerisier

2 km 30 mn

19 Traverser la D 94 sous la ligne à haute tension et, sans passer au **col de la Cambuse** (*l'auberge est fermée*), prendre en face le chemin parallèle à la D 504 qui descend dans le bois. Emprunter la petite route à gauche, couper la D 504, continuer par la petite route sur 150 m, puis bifurquer sur le chemin qui s'élève à gauche. Il monte au May.

▶ Le PR 7A (*balisage blanc-rouge avec point jaune au milieu du trait rouge*) arrive à droite : ne pas confondre son balisage qui mène à la croix des Aliziers et celui du GR®.

20 Continuer en lisière de forêt, puis tourner à droite avant la croix des Aliziers et contourner le Grand mont par l'Ouest pour arriver au **Cerisier** (720 m).

Hors GR® pour Cublize : 4 km 1 h

A Cublize :

Descendre à droite vers la ferme de Montet-Grand-Mont, puis gagner **Cublize** (450 m) et le lac des Sapins.

Du Cerisier au col de la Croix-des-Fourches

4,5 km 1 h 10

21 Au **Cerisier**, emprunter le chemin de gauche et passer au Vinaigrier. Continuer par le chemin le plus à gauche (le PR 7A s'éloigne à droite). Croiser un très large chemin forestier au seuil des Mollières et descendre en face dans le bois par un sentier caillouteux. Ignorer le chemin à droite privé, poursuivre sur 100 m, puis remonter à droite et prendre le large chemin forestier à gauche. A Palichatier, monter par le chemin au crêt Chanrion, puis redescendre au col de la **Croix-des-Fourches** (776 m).

Hors GR® pour Saint-Just-d'Avray: 2,5 km 40 mn

A Saint-Just-d'Avray : (hors du bourg) (à 7 km)

Prendre la D 98 à gauche sur 50 m, puis descendre à Saint-Just-d'Avray (550 m).

Du col de la Croix-des-Fourches à la chapelle Dumas

2,5 km 45 mn

22 Traverser la D 98 au **col de la Croix-des-Fourches** et continuer par le large chemin forestier sur 800 m. Bifurquer à droite, longer le crêt des Quatre-Bornes par le versant Ouest, atteindre une clairière, poursuivre par le chemin en face vers la croix de Monne (croix de bois sur socle en forme de dôme), descendre par le sentier étroit et caillouteux et déboucher sur un chemin perpendiculaire près de la **chapelle Dumas** (720 m).

Hors GR® pour Pierrefitte : 2,5 km 40 mn

A Pierrefitte :

Continuer tout droit par le chemin, rejoindre Ronno puis **Pierrefitte** (535 m).

De la chapelle Dumas au col du Pilon

1 km 15 mn

23 Ne pas aller à la **chapelle Dumas**, mais virer à gauche, franchir le ruisseau, monter dans le bois, poursuivre par la D 618 et gagner le **col du Pilon** (726 m).

AMPLEPUIS
Ronno
Maisons Neuves
les Quatre Vents
Château d'Ornaison
Col du Pilon
GR 7
24
25
26
27
28
29
Hors GR
D 13
Rancon
Gare
Grand Joasson
St-Lager
le Chizal
les Barges
le Giroudon
Bois de Montarroux
Croix du Trêve
le Tremblay
la Berchautière
0
1 km
Cartes 2930
2931
© IGN 1998
Bois St-Jean
Bois Fourrier
Château de Rochefort
la Vigne
Forêt départementale du Thivard
Montchervet
Bois de la Fay
Bois des Gouttes
Goujard
la Renardière
les Terres
le Pouet
Mauvandran
les Sauvages
Charpenay
Notre-Dame de la Roche
le Perret
Rechagny
la Chapelle
Col du Pin Bouchain
N 7
chez Parié
la Berthaudière
Crétolier
les Mollières
Lafay
la Roua
la Tronche
Mouillatoux
Arcy
le Pont d'Arcy
Vermare
les Grandes Roches
D 121
D 8
D 56
D 79
D 49

Du col du Pilon à la bifurcation du Giroudon

1 km | 15

Le franchissement de la ligne de partage des eaux Méditerranée-Atlantique entre la région Rhône-Alpes et le centre de la France n'a pas toujours été aisé, et même aujourd'hui, il reste délicat certains hivers. L'étape de Beaujeu à Chauffailles passe par le col des Echarmeaux, et celle de Tarare à Amplepuis ou Roanne par les cols des Sauvages et du Pin-Bouchain.

24 Au **col du Pilon**, traverser la D 13 (prudence) et, par la plate-forme de débardage, entrer dans le bois de Montarroux. Au Giroudon, couper la D 56 et parcourir 150 m jusqu'à la **bifurcation du Giroudon** (760 m).

Hors GR® pour Amplepuis : 5 km | 1 h 15

A Amplepuis :

Descendre par le chemin à droite et gagner Amplepuis (400 m).

Musée Barthélemy Thimonnier (machines à coudre, cycles, scènes du passé).

De la bifurcation du Giroudon aux Sauvages

5 km | 1 h 15

Aux Sauvages :

25 A la **bifurcation du Giroudon**, se diriger à gauche, passer sous la ligne à haute tension, couper la D 665 à la Croix Carrel, poursuivre sur la crête, traverser le bois Fourrier et sortir de la forêt.

L'itinéraire quitte les grandes zones boisées. L'horizon se dégage au Sud vers le grand relais de télécommunication de la tour Matagrin. A gauche, la grande croix de mission de Montoux domine Tarare et la vallée de la Turdine.

Descendre par le chemin empierré, passer devant une autre croix et atteindre Les Sauvages (723 m).

Hors GR® pour Le Charpenay : 1,5 km | 20 mn

Au Charpenay :

Prendre la D 8 à gauche vers Tarare pour arriver au Charpenay (710 m).

Des Sauvages au col du Pin-Bouchain

4 km | 1 h

26 Traverser la D 8 et, par la D 121, entrer dans le bourg des **Sauvages**. A la bifurcation routière de Rechagny, s'engager en face sur le chemin de terre qui passe entre des champs. Laisser la croix à gauche, passer le terrain d'aéromodélisme, puis suivre la route à gauche. Longer la ferme de la Montagne comme pour pénétrer dans la cour et, au fond du terre-plein, emprunter le large chemin rectiligne à droite (*ancienne route de Louis XIV dite « de Mme de Sévigné » qui l'a décrite dans ses lettres*). Couper la D 121 (*aire de pique-nique*) et déboucher à La Chapelle, près du **col du Pin-Bouchain** (759 m), où passe la N 7 de Roanne à Lyon.

Sous le Directoire, l'attachement religieux des gens d'ici se marqua par une embuscade tendue au col pour délivrer des prêtres réfractaires emmenés par la maréchaussée au bagne de l'île de Ré. Une forte répression s'en suivit dont tout le secteur de La Chapelle fut victime.

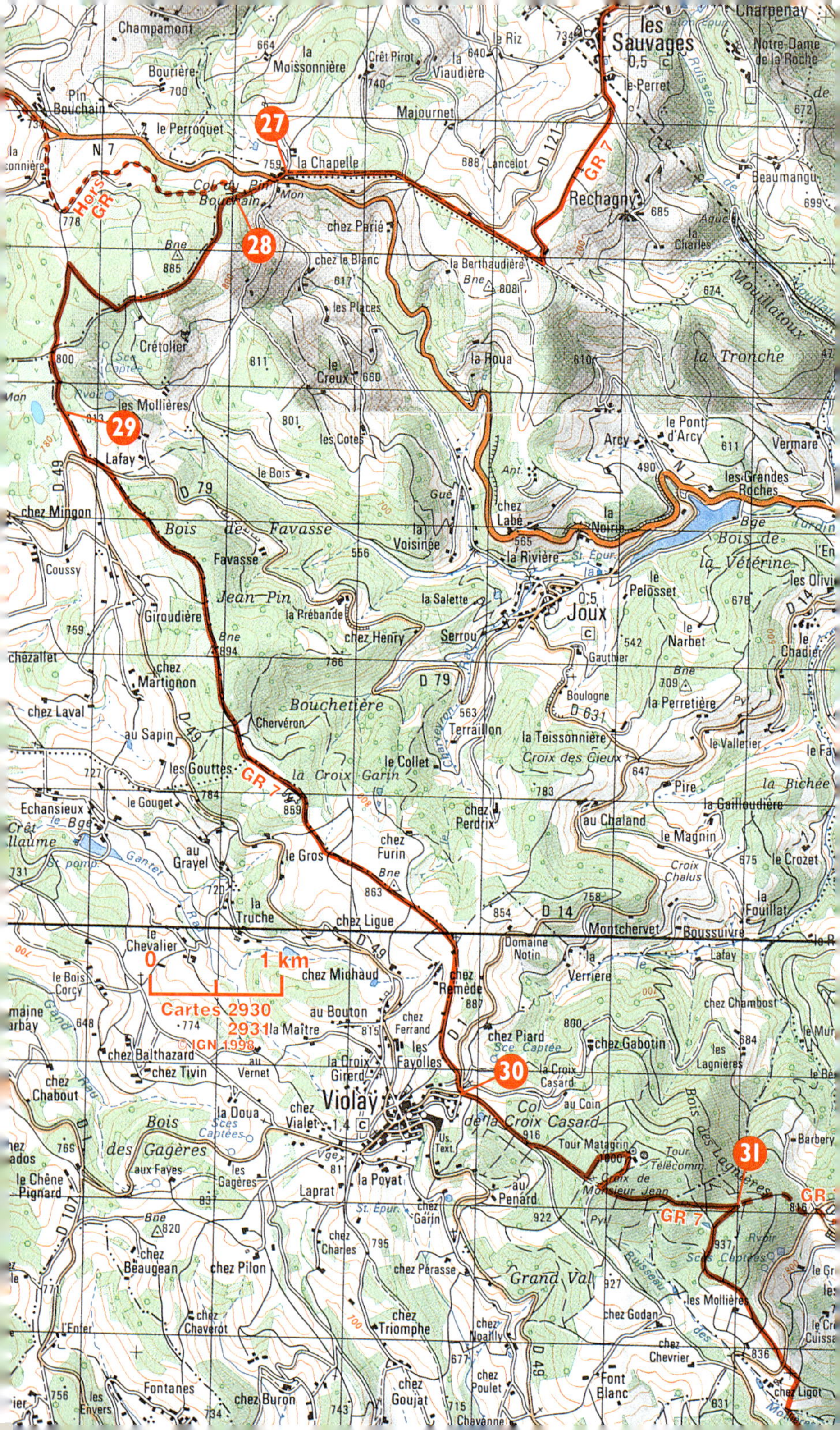

Champamont
Bourière
Pin Bouchain
le Perroquet
N 7
la Moissonnière
Crêt Pirot
la Viaudière
le Riz
les Sauvages
Charpenay
Notre-Dame de la Roche
le Perret
Majournet
la Chapelle
Lancelot
D 121
GR 7
Rechagny
Beaumangu
Col du Pin Bouchain
Hors GR
27
28
29
30
31
chez Parié
chez le Blanc
la Berthaudière
les Charles
les Places
Mouillatoux
Crétolier
le Creux
la Roua
la Tronche
les Mollières
Lafay
les Cotes
le Bois
Arcy
le Pont d'Arcy
Vermare
les Grandes Roches
D 79
D 49
chez Mingon
Bois de Favasse
Favasse
la Voisinée
chez Labé
la Noirie
la Rivière
Bois de la Vétérine
Coussy
Giroudière
Jean Pin
la Prébande
la Salette
chez Henry
Serrou
Joux
Pelosset
le Narbet
Gauthier
chezallet
chez Martignon
Bouchetière
Boulogne
D 631
la Perretière
chez Laval
au Sapin
Chervéron
Terraillon
la Teissonnière
Croix des Cieux
le Vallefier
les Gouttes
la Croix Garin
le Collet
Pire
la Bichée
Echansieux
le Gouget
chez Perdrix
la Gailloudière
au Chaland
le Magnin
au Grayel
le Gros
chez Furin
Croix Chalus
le Crozet
la Truche
chez Ligue
D 14
Montchervet
Boussuivre
la Fouillat
le Chevalier
0
1 km
chez Michaud
chez Remède
Domaine Notin
Verrière
Lafay
Cartes 2930
2931
© IGN 1998
au Bouton
la Maître
chez Ferrand
chez Piard
chez Gabotin
chez Chambost
chez Balthazard
chez Tivin
au Vernet
la Croix Girerd
les Fayolles
la Croix Casard
les Lagnières
chez Chabout
Violay
au Coin
Bois des Gagères
la Doua
chez Vialet
Col de la Croix Casard
Tour Matagrin
Tour Télécomm
Croix de Monsieur Jean
Bois des Lagnières
Barbery
aux Fayes
les Gagères
Laprat
la Poyat
au Penard
le Chêne Pignard
chez Garin
D 107
chez Beaugean
chez Charles
chez Pilon
chez Pérasse
Grand Val
les Mollières
chez Godan
chez Chaverot
chez Triomphe
chez Noailly
chez Chevrier
Fontanes
chez Buron
chez Goujat
chez Poulet
Chavanne
Font Blanc
chez Ligot
les Envers

Du col du Pin-Bouchain à l'entrée de Violay

10 km 2 h 30

A Violay :

27 Au **col du Pin-Bouchain**, traverser la N 7 (attention, circulation très importante), la longer sur 20 m à droite et prendre le sentier qui monte. Passer un pigeonnier et arriver à la lisière du bois de sapins.

Hors GR® pour **Machézal :** 4,5 km 1 h 10

A Machézal :

Suivre le sentier à droite pour gagner **Machézal**.

28 Entrer dans le bois par la large piste ravinée et continuer la montée à travers prairies et forêts jusqu'à un embranchement. Virer en angle aigu à gauche, poursuivre vers le Sud par le large chemin sablonneux. Ne pas tourner à droite en direction de la croix Bourrue ni à gauche vers Joux (balisage bleu-rouge) et descendre à l'étang de Valorges (*vaste aire de loisirs aménagée : jeux, aire de pique-nique...*).

29 Continuer, prendre à gauche la D 79 sur 200 m, puis bifurquer sur le chemin à droite. Il s'élève vers la forêt de Jean-Pin. Du sommet dénudé (*landes à fougères, bruyères, genêts et genévriers*), descendre, traverser une très sombre forêt de sapins, passer la croix Garin puis la croix Armide.
Le GR® 7 entre dans le département de la Loire.
Poursuivre au Sud jusqu'au col de la Croix-Casard (864 m), à l'**entrée** Est **de Violay**.

▶ Le centre de Violay se trouve à 500 m, par la D 1 à droite.

De Violay au bois des Lagnières

3 km 45 mn

L'agréable village touristique de Violay situé au cœur des montagnes du Matin jouit d'une vue remarquable sur la plaine du Forez et les monts de la Madeleine. Il constitue une étape intéressante.
L'itinéraire passe ensuite à la tour Matagrin (point culminant des monts du Lyonnais).

30 Laisser Violay à droite, traverser la D 1 et prendre la route puis la piste forestière en direction de la tour Matagrin. Parvenir à la croix de Monsieur-Jean. Monter à gauche pour atteindre la tour Matagrin (1004 m).

La tour a été édifiée sur le mont Boussuivre. Possibilité d'accéder au sommet par un escalier intérieur (balcon d'orientation). Le panorama circulaire s'étend par temps clair sur 14 départements.

Redescendre par le chemin goudronné, puis emprunter la piste forestière à gauche. Elle se détériore et arrive à un embranchement, dans le bois des Lagnières (910 m).

▶ Jonction avec le GR® 76 qui vient en face d'Affoux et de Tarare.

▶ Possibilité de gagner Affoux (restaurant), en face par le GR® 76, à 1,2 km.

GR 7
GR 76
Hors GR
GRP Tour des Monts du Lyonnais
0
1 km
Carte 2931
© IGN 1998
31
32
33
34
35
36
37
Affoux
Villechenève
Montrottier
les Olmes
Bois d'Azole
Bois de Montcherv et
le Michaud
Albigny
Mazieux
Crêt Pélerat
Crêt Chamer
Bois Guillien
St-Martin
Pontu
Armont
le Morillon
la Grande Charrière

Du bois des Lagnières à Villechenève

5 km | 1 h 15

A Villechenève :

31 A l'embranchement du **bois des Lagnières**, virer complètement à droite, sortir de la forêt, passer la croix de l'Ormet, descendre, couper la D 38 et continuer sur 200 m. Tourner à droite, franchir le ruisseau des Mollières, remonter en sous-bois, puis descendre à La Rivière.

▶ Possibilité de gagner La Croix-de-Signy (*restaurant*) à 1 km, à droite par la D 4.

32 Poursuivre par la D 4 pour atteindre La Brioude. Se diriger à gauche vers la grande statue de la Madone (*aire de pique-nique*), puis gagner le croisement de la Croix-Jaune, près du centre de **Villechenève** (760 m).

De Villechenève à Montchanin

5 km | 1 h 15

A Montchanin :

33 Laisser **Villechenève** à droite, continuer vers le lotissement des Grandes-Terres puis par la D 4 en direction des Auberges. A la croix des Olmes, partir à droite, passer Les Olmes et descendre par le chemin. Franchir le ruisseau du Bertrand et contourner la ferme par la droite. Monter, emprunter la D 640 à droite et, dans le virage, monter par le chemin à gauche. Tourner à gauche, puis déboucher sur la route de La Flachère.

▶ Possibilité de gagner Longessaigne (*ravitaillement, café, restaurant*) à 1 km par la route à droite.

34 Prendre la route à gauche, gagner la ferme de Molagy (*tilleul centenaire*) et poursuivre par le chemin qui, devenu sentier, contourne le vallon. Emprunter le chemin perpendiculaire à gauche et déboucher sur la D 7, aux Auberges (*restaurant*).

35 Continuer en face par la D 24 vers Montrottier, passer l'entrée de l'usine Martek-Power, prendre la petite route à droite (*virage dangereux*) sur quelques mètres, puis la route à gauche pour descendre à **Montchanin** (700 m).

▶ Jonction avec le GR® de Pays *Tour des Monts du Lyonnais* qui arrive à droite de Sainte-Foy-l'Argentière (*voir pages 144 et 145*). Tout droit, les GR® sont communs sur 1,2 km jusqu'à l'entrée de Montrottier.

De Montchanin à Montrottier

1,5 km | 20 mn

A Montrottier : (hors GR à 3 km)

36 Après **Montchanin**, le chemin descend dans le vallon, puis arrive près de la chapelle de Saint-Martin-les-Périls. Gagner la poste, à l'entrée de **Montrottier** (650 m ; *halles, église et vestiges du château*).

▶ Séparation du GR® de Pays *Tour des Monts du Lyonnais* qui part au Nord vers l'Arbresle (*voir pages 144 et 145*).

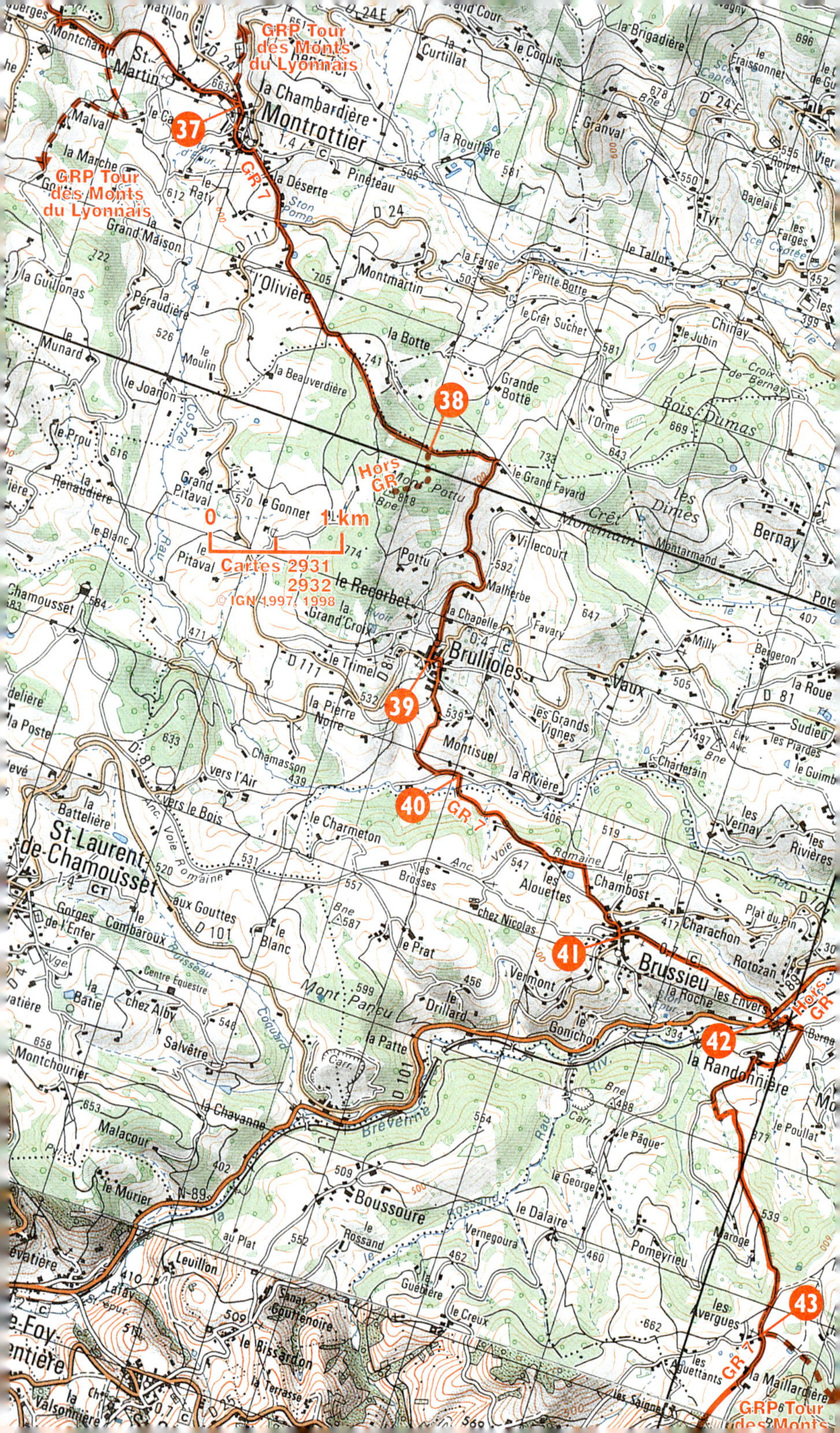
GRP Tour des Monts du Lyonnais
37
GR 7
GRP Tour des Monts du Lyonnais
38
Hors GR
0
1 km
Cartes 2931
2932
© IGN 1997, 1998
39
40
GR 7
41
42
Hors GR
43
GR 7
GRP Tour des Monts

De Montrottier à Brullioles

5 km | 1 h 15

A Brullioles : (hors GR®)

37 Contourner le centre de **Montrottier** par le Sud-Ouest, puis emprunter la D 24. A la croix Berthier, près de la station de pompage, monter par la route en face. A la bifurcation, poursuivre par le chemin de droite, longer la lisière, puis entrer dans le bois et parcourir 600 m jusqu'à un embranchement (732 m).

▶ Possibilité de gagner le sommet du mont Pothu (818 m) à 700 m, par le sentier qui monte à droite (*balisage jaune-blanc*).

38 Continuer tout droit. Au Grand-Fayard, prendre la route à droite sur 800 m, descendre à gauche par le raidillon, emprunter la D 635 à droite sur 200 m, puis bifurquer sur le chemin à gauche. Il mène sous le cimetière de **Brullioles** (543 m).

De Brullioles à Brussieu

3 km | 45 mn

A Brussieu :

39 Dans **Brullioles**, tourner à gauche puis à droite et longer l'église. Après les tennis, suivre la direction de Montisuel (*écomusée agricole*) sur 100 m puis, au plan incliné en ciment, descendre à droite par le chemin de terre. Prendre la route à gauche sur 350 m.

40 S'engager sur le chemin herbeux à droite, franchir le ruisseau, remonter et déboucher sur la D 636 aux Alouettes. Se diriger à gauche sur 300 m, tourner à droite, puis suivre la D 636 à gauche. Continuer à droite par la D 101 et monter à **Brussieu** (455 m).

De Brussieu à la N 89

1,5 km | 20 mn

41 Dans **Brussieu**, prendre à gauche la rue de l'Ecole, passer le stade, continuer par le chemin, puis dévaler la pente par le raidillon qui atteint la **N 89** aux Envers (310 m).

Hors GR® pour **La Giraudière :** 1 km | 15 mn

A La Giraudière :

Longer la N 89 à gauche (*prudence*) jusqu'à **La Giraudière** (300 m).

De la N 89 au carrefour des Avergues

3 km | 1 h 10

42 Traverser la **N 89** (*prudence : circulation intense*), descendre en face par le chemin herbeux, franchir la Brevenne et passer la voie ferrée. Au carrefour, prendre la route à droite puis, à la sortie du virage, grimper par le sentier à gauche à La Randonnière. Emprunter la route à gauche vers Le Dalaire sur 750 m, puis monter à gauche par le chemin bordé de haies. Dans la prairie, le chemin s'élargit et atteint un **carrefour** au-dessus de la ferme des Avergues (678 m).

▶ Jonction avec le GR® de Pays *Tour des Monts du Lyonnais* qui arrive à gauche de L'Arbresle (*voir pages 132 et 133*).

GRP Tour des Monts du Lyonnais
GR 7
Hors GR
Hors GR
Hors GR
43
44
45
46
47
48
49
0
1 km
Cartes 2931 2932
©IGN 1997, 1998
Montromant
Yzeron
Duerne
Rochefort
St-Martin-en-Haut
Maintigneux
Bois de la Lienne
la Fromenterie
Col des Brosses
la Ruillardière
Perrière
la Courbière
le Colombier
la Carrière
Malacombe
la Brosse
les Flaches
Crêt Pelossier
le Signal de St-André
les Averques
la Maillardière
la Vindrollière

Du carrefour des Avergues à La Fromenterie 2,5 km 45 mn

43 Au **carrefour des Avergues**, poursuivre tout droit par la route puis par le chemin qui entre dans le bois de la Verrière. Couper la D 25, sortir des bois, puis bifurquer à gauche et gagner **La Fromenterie** (862 m).

Hors GR® pour Le Thiollet : 1,5 km 20 mn

Au Thiollet :

Prendre la D 489 à gauche, puis la route à droite jusqu'au **Thiollet** (770 m).

De La Fromenterie à la clairière des Brosses 1,5 km 20 mn

44 A **La Fromenterie**, couper la D 489, monter en face à la croix des Brosses, entrer dans le bois de la Lienne et arriver dans la **clairière des Brosses** (872 m).

Hors GR® pour Yzeron : 2,5 km 35 mn T

A Yzeron :

Continuer tout droit et descendre à **Yzeron** (700 m). Musée de l'Araire.

De la clairière des Brosses à Saint-Martin-en-Haut 6 km 1 h 30

A Saint-Martin-en-Haut : (hors GR®)

45 Dans la **clairière des Brosses**, tourner à droite, poursuivre par le chemin creux, sortir du bois près de la ferme de la Lienne et arriver à La Croix-Perrière (possibilité de gagner le camping du Bois à 1 km, par la D 122 à droite).

46 Traverser la D 122, continuer en face, passer la ferme du Gazanchon, descendre à droite vers la ferme de la Poipe puis, dans le virage, poursuivre par le chemin qui s'élève en pente douce dans le bois puis descend en pente raide. Couper la route du Colombier, franchir le ruisseau, remonter par le sentier encaissé et arriver au site de Rochefort.
Croix de pierre à l'entrée du pays, maison de 1614, ruines du château-fort, église à nef romane avec clocher et chapelles gothiques.

47 Contourner Rochefort par l'Est, longer le lotissement jusqu'au cimetière, puis descendre au rond-point à l'entrée de **Saint-Martin-en-Haut** (720 m).

De Saint-Martin-en-Haut à Saint-André-la-Côte 6 km 1 h 30

A Saint-André-la-Côte :

48 Passer la bascule de **Saint-Martin-en-Haut** et prendre la route des Verpillères. Longer le parc municipal, continuer vers Les Fanges et, à l'embranchement, bifurquer sur la route à gauche. Passer une croix de bois, poursuivre sur 800 m et, après une croix en fer peu avant la ferme du Moulin-Bernard, partir à gauche. Franchir le ruisseau du Rieu, monter à gauche au Sapin, couper la D 113, se diriger à gauche au-dessus des Flaches vers un bouquet d'arbres, tourner à droite puis à gauche et entrer dans le bois.

► Le sentier utilisé par le GR® 7 est privé : ne pas s'en écarter et ne pas stationner.

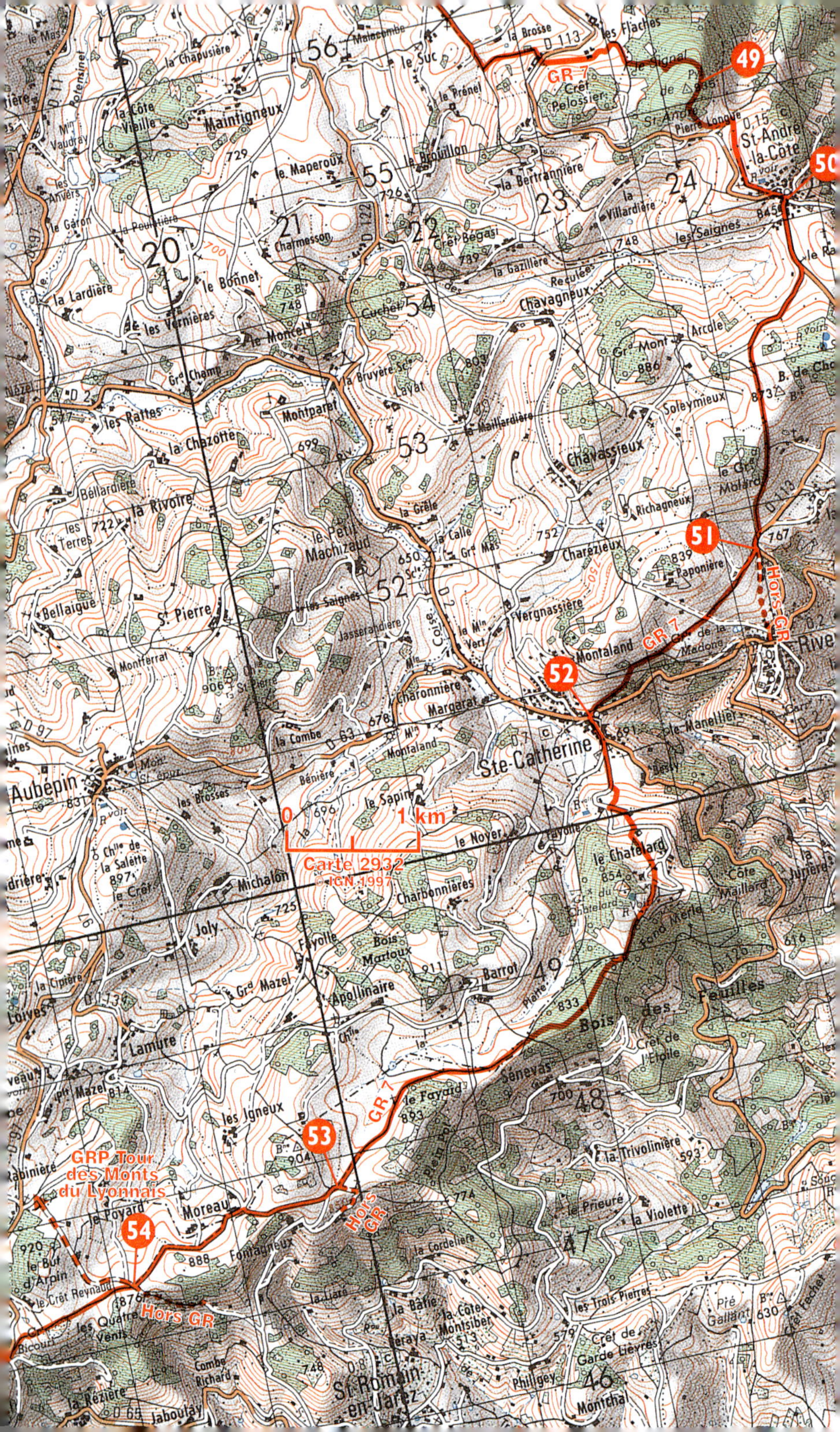

GR 7
49
50
51
52
53
54
Hors GR
GRP Tour des Monts du Lyonnais
0
1 km
Carte 2932
IGN 1997
St-André-la-Côte
Ste-Catherine
Aubépin
St-Romain-en-Jarez
Maintigneux
Chavagneux
Chavassieux
Charezieux
Vergnassière
Montaland
Margarat
Charonnière
le Châtelard
Bois des Feuilles
Sénevas
le Fayard
les Igneux
Moreau
le Poyard
Michalon
Joly
Apollinaire
Barrot
Lamure
la Rivoire
la Chazotte
les Rattes
le Petit Machizaud
Montparet
la Grêle
le Noyer
Charbonnières
la Trivolinière
le Prieuré
la Violette
les Trois Pierres
Crêt de Garde Lièvres
Montchal
Philligey
la Bâtie
la Côte Montsiber
Fontagneux
les Quatre Vents
le Crêt Revnaud
la Rézière
Jaboulay
Combe Richard
Bois Martoux
Vernieres
le Bonnet
Charmesson
le Maperoux
le Brouillon
la Bertrannière
la Villardière
les Saignes
Raponière
Richagneux
Soleymieux
Arcole
Rivet
Bellaigue
St Pierre
Montferrat
la Lardière
la Poulatière
Crêt Pelossier
la Brosse
le Suc
Malecombe
la Chapusière
la Côte Vieille
le Sapin
Bénière
les Brosses
Mon. St Pierre
Gd Mazel

49 Au signal de Saint-André (922 m ; *point de vue, aire de pique-nique*), descendre par le chemin pierreux. Suivre la D 113 à gauche sur 50 m, passer la stèle du maquis, continuer tout droit, puis virer à droite et atteindre **Saint-André-la-Côte** (830 m).

De Saint-André-la-Côte au carrefour de Bréle-Fer

3 km 50 mn

Dans tout ce secteur de très ancienne tradition catholique appelé La Petite Vendée, nombreuses croix aux carrefours des chemins.

50 Quitter **Saint-André-la-Côte** par la D 113. A la croix, prendre la route de droite et parvenir sur la crête. Au bouquet d'arbres, s'engager à gauche sur le chemin empierré, traverser une zone de prairie, puis descendre (*vue sur le bourg fortifié de Riverie à gauche*). Emprunter la D 113 à droite jusqu'au **carrefour de Bréle-Fer** (762 m).

▶ Possibilité de descendre à Riverie (*ravitaillement, café, restaurant*), à 800 m.
Riverie est bâti sur un promontoire qui, depuis le chemin de ronde (table d'orientation) offre un panorama sur la vallée du Rhône, le Pilat et les Alpes. Eglise (reliquaire offert par Anne de Beaujeu, fille de Louis XI au baron Claude Laurencin).

Du carrefour de Bréle-Fer à Sainte-Catherine

1,5 km 20 mn

A Sainte-Catherine :

51 Au **carrefour de Bréle-Fer**, suivre la route à droite vers Servannière. Avant le virage, partir à gauche et descendre par le chemin herbeux à **Sainte-Catherine** (698 m).

De Sainte-Catherine à la croix du Balay

5 km 1 h 15

A Sainte-Catherine, une fresque murale symbolise le partage des eaux entre le Rhône et la Loire. A partir du Châtelard, vue sur la vallée du Gier et sur le Pilat.

52 Quitter **Sainte-Catherine** par la D 128, bifurquer à droite puis à gauche, poursuivre sur 400 m, puis monter à gauche par le chemin caillouteux qui coupe quatre lacets de la route et arrive au camping du Châtelard. Après le camping, au bout de la prairie, virer à droite puis à gauche et entrer dans le bois de chênes du Petit-Châtelard. Traverser une zone de pâturage, passer à droite du Fayard et gagner la **croix du Balay** (867 m).

Hors GR® pour Le Balay : 0,5 km 5 mn
Au Balay :
Tourner à gauche, puis à droite et atteindre Le Balay.

De la croix du Balay au carrefour du Crêt

2 km 30 mn

53 A la **croix du Balay**, poursuivre par la route sur 400 m. Au Moreau, continuer à gauche par le chemin empierré jusqu'au **carrefour du Crêt** (860 m).

▶ Séparation du GR® de Pays *Tour des Monts du Lyonnais* qui part à droite vers Le But-d'Arpin (*voir pages 138 et 139*). A 1 km à gauche, Trinque Barra (*restaurant*).

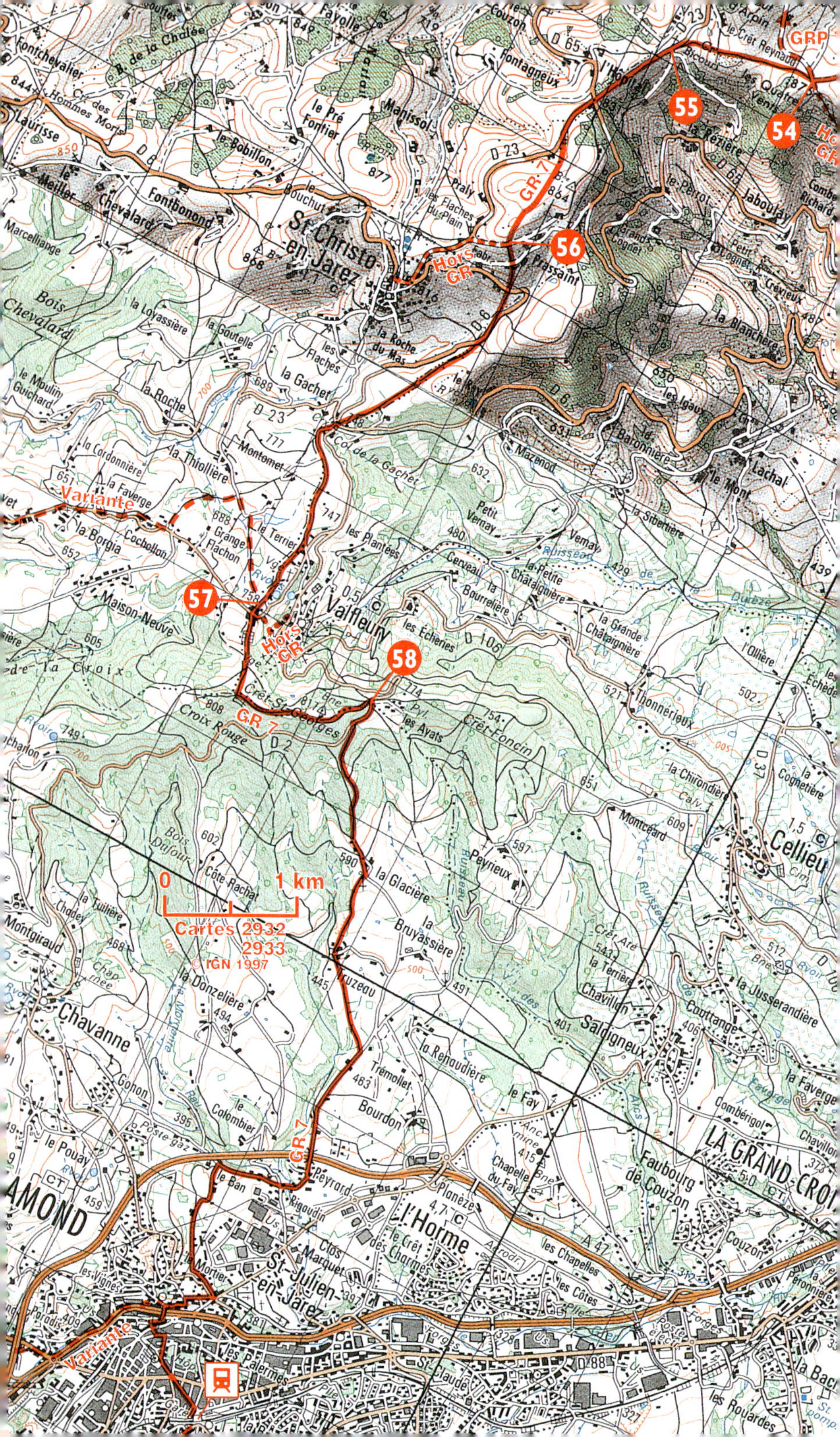

GRP
55
54
56
57
58
GR 7
Hors GR
Variante
St-Christo-en-Jarez
Valfleury
Cellieu
Chavanne
l'Horme
St-Julien-en-Jarez
LA GRAND-CROIX
Faubourg de Couzon
Fontchevalier
Laurisse
le Meiller
Chevalard
Fontbonond
le Bobillon
le Pré Fontier
Manissol
Fontagneux
Praly
Pressaint
la Rezière
Jaboulay
la Blanchère
Bois Chevalard
la Loyassière
la Goutelle
la Gacher
la Roche
la Thiollière
Montomet
Col de la Gachet
Grange Flachon
la Borgia
Cochollon
Maison-Neuve
les Plantées
Petit Vernay
la Petite Châtaignière
la Grande Châtaignière
les Échères
Crêt-St-Georges
Croix Rouge
Crêt-Foncin
les Ayats
Thonnérieux
la Chirondière
Montceard
la Glacière
la Bruyassière
Peyrieux
Chavillon
Saldignieux
la Jusserandière
Couttange
Combérigol
la Renaudière
Trémollet
Bourdon
le Colombier
le Pouay
la Donzelière
Côte-Rachat
Montgiraud
le Ban
Rigoudin
Clos Marquet
les Chapelles
les Côtes
St-Claude
les Palermes
les Rouardes
0
1 km
Cartes 2932
2933
© IGN 1997

Du carrefour du Crêt à la croix de Bicouri

1 km 15 mn

54 Au **carrefour du Crêt**, continuer en face, puis descendre par le chemin caillouteux et raviné à la **croix de Bicouri** (825 m) sur la D 23.

Hors GR® pour Marcenod : 2 km 30 mn

A Marcenod :

Descendre par la route à droite jusqu'à **Marcenod** (750 m).

De la croix de Bicouri à Prassaint

2 km 30 mn

La ligne de crête s'abaisse doucement face aux crêts du Pilat. Au milieu des champs, les panoramas se multiplient sur les Alpes au levant, les sucs du Velay au midi ou la plaine et les monts du Forez au couchant. L'agglomération stéphanoise investit les vallées.

55 A la **croix de Bicouri**, suivre la D 23. Passer un carrefour, une scierie et bifurquer sur le chemin à gauche. Déboucher sur une petite route, près de **Prassaint** (840 m).

Hors GR® pour Saint-Christo-en-Jarez : 1 km 15 mn

A Saint-Christo-en-Jarez :

Prendre la route à droite et descendre à **Saint-Christo-en-Jarez** (767 m).

De Prassaint au Grand-Logis

3,5 km 50 mn

56 Laisser **Prassaint** à gauche, descendre en face, couper deux routes, franchir le ruisseau et poursuivre par la D 6. Le chemin domine à l'Est une combe marquée où les arbres fruitiers composent une symphonie de couleurs au printemps. Au fond, se blottit le bourg de Valfleury. Vers l'an 800 au pied d'un genêt en fleurs à Noël, une statue en bois est apparue : La Vierge au Genêt d'Or qui est toujours vénérée à l'église.

Au carrefour, monter par le sentier en face, continuer à flanc, passer au col de la Gachet, poursuivre par la route puis le chemin et arriver à l'entrée du **Grand-Logis** (757 m).

▶ Départ à droite de la variante de Sorbiers (*voir pages 128 et 129*).

Du Grand-Logis à Saint-Chamond

7 km 1 h 45

A Saint-Chamond :

57 Au **Grand-Logis**, rejoindre et traverser la D 106. Monter par le chemin encaissé jusqu'au col. A la croix Rouge, virer à gauche et suivre la ligne de crête boisée.

58 A la croix Blanche, descendre par la D 2, puis par le layon à gauche dans le bois du Plâtre. Arriver à La Glacière (*chambres d'hôtes*). Descendre par la route. Après le pont sur l'A 47, traverser le quartier du Clos-Marquet et arriver à **Saint-Chamond** (347 m). Dans cette cité le long de la vallée du Gier, mines et aciéries ont permis l'essor du chemin de fer dès 1830. La montée vers la gare longe plusieurs édifices XVIIe.

▶ Le GR7 continue vers le massif du Pilat (*voir topo-guide « Du Pilat aux Cévennes »*).

Brumes matinales. *Photo CDRP69.*

Le sentier GR® 7 à cheval sur deux départements

Les CDRP de la Loire et du Rhône ont réalisé ce topo-guide de concert. Cette histoire commune se retrouve dans l'Histoire : à la Révolution était créé le département de Rhône-et-Loire avec Lyon pour préfecture. Suite à la révolte contre la Convention dans cette ville, le département de la Loire fut créé sur la partie Ouest le 19 novembre 1793. La préfecture fut localisée à Feurs pendant deux ans, puis à Montbrison, l'ancienne capitale comtale jusqu'en 1856, pour arriver à Saint-Etienne. Leurs deux chefs-lieux sont très excentrés alors que la place d'un chef-lieu est au centre. Ils sont séparés par la ligne de partage des eaux Atlantique-Méditerranée. Celle-ci file à travers les monts du Beaujolais puis du Lyonnais avant de s'infléchir à l'Est au-dessus de la vallée du Gier. Les deux fleuves qui leur ont donné leur nom sont parallèles, mais la Loire coule vers le Nord alors que le Rhône coule vers le Sud.

Antoine Pinay : le sage de Saint-Chamond

Il est né le 30 décembre 1891 à Saint-Symphorien-sur-Coise (Rhône). Industriel et maire de Saint-Chamond (1929-1977), il est élu député de la Loire en 1936 et en 1946. Sénateur de la Loire en 1938, il reste président du conseil général de 1949 à 1979 avant de laisser la place à Lucien Neuwirth. Il appartient alors à un parti de droite libéral : le Centre National des Indépendants (CNI). Après la guerre, il est successivement secrétaire d'Etat aux affaires économiques (1948-1949), ministre des Travaux publics (1950-1952). Président du conseil en 1952 ayant en charge les finances, il lance l'emprunt qui porte son nom et l'échelle mobile des salaires. Ministre des Affaires étrangères (1955-1956) il est, sous la Ve République et à la demande du Général de Gaulle, ministre des Finances et des Affaires économiques (1958-1960), procède à la dévaluation du franc et lance le franc lourd. Médiateur de la République, de janvier 1973 à mai 1974, le « sage de Saint-Chamond » sera consulté par de nombreux hommes politiques qui font appel à son bon sens et à son expérience. Très médiatisé lors de son centenaire, il décède le 13 décembre 1994.

Un climat contrasté

Ceinturée de montagnes, la plaine du Forez est abritée du vent et connaît un climat semi-continental très sec où le thermomètre varie beaucoup. Moins protégé côté Sud, le val de Saône est à peine plus humide. Soumis aux perturbations venues de l'océan, voire de la Méditerranée, les monts sont plus arrosés avec un climat océanique. En partie protégés du côté de l'océan par les monts du Forez (1635 m), les sommets des monts du Lyonnais sont souvent cultivés. A altitude similaire, les monts du Beaujolais sont couverts de forêts car plus humides. En revanche, l'automne et l'hiver voient les brumes matinales envahir la plaine et les vallées, alors que le soleil peut resplendir sur les sommets.

Milan noir *Dessin P.R.*

Photo CDRP69.

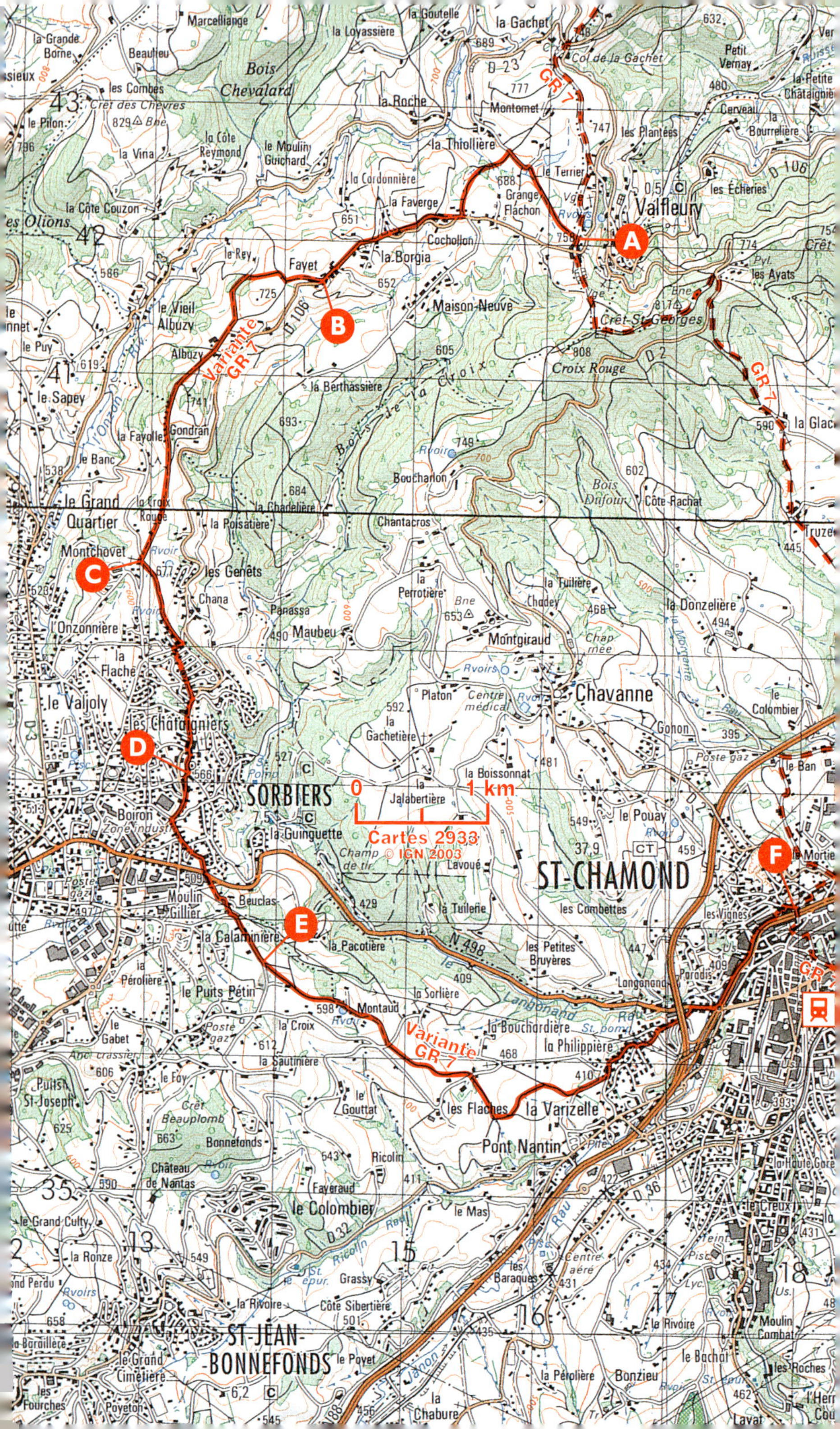

A
B
C
D
E
F
Variante GR 7
GR 7
Col de la Gachet
Valfleury
Crêt St-Georges
Croix Rouge
Fayet
la Borgia
Cochollon
Maison-Neuve
la Berthassière
Bois de la Croix
Boucharlon
Bois Dufour
Côte Rachat
Gondran
Albuzy
le Vieil Albuzy
le Grand Quartier
Montchovet
la Croix Rouge
la Poisatière
la Chadelière
Chantacros
les Genêts
Chana
Panassa
Maubeu
la Perrotière
Montgiraud
Chavanne
la Donzelière
l'Onzonnière
la Flache
le Valjoly
les Châtaigniers
SORBIERS
Boiron
la Guinguette
Moulin Gillier
Beuclas
la Calaminière
la Pacotière
le Puits Pétin
Montaud
la Sorlière
la Bouchardière
la Philippière
la Varizelle
les Flaches
Pont Nantin
ST-CHAMOND
les Combettes
Longonand
le Colombier
ST-JEAN-BONNEFONDS
0
1 km
Cartes 2933
Champ de tir
© IGN 2003
N 498
D 106
D 23
D 2
D 32
D 36
Bois Chevalard
Marcelliange
la Loyassière
la Goutelle
la Gachet
la Roche
Montomet
la Thiollière
le Terrier
Grange Flachon
la Faverge
la Cordonnière
le Moulin Guichard
la Côte Reymond
Crêt des Chèvres
la Côte Couzon
les Plantées
les Echeries
les Ayats
la Glace
Truzet
le Sapey
le Puy
la Favolle
le Banc
Platon
Centre médical
la Gachetière
la Jalabertière
la Boissonnat
Lavoué
la Tuilerie
les Petites Bruyères
le Pouay
Gonon
le Colombier
le Ban
la Mortière
les Vignes
Paradis
la Péroliére
le Gabet
le Foy
Puits St-Joseph
Crêt Beauplomb
Bonnefonds
Château de Nantas
Fayeraud
Ricolin
le Mas
la Rivoire
Côte Sibertière
le Poyet
la Pérolière
Bonzieu
la Chabure
le Bachat
Moulin Combat
la Haute Gorge
le Creux
le Grand Culty
la Ronze
le Grand Cimetière
les Fourches
Poyeton
la Sautinière
le Gouttat
la Croix
les Baraques
Grassy

Variante

Cette variante continue sur la ligne de crête en parallèle avec deux ruisseaux. Ils ne vont pas tarder à diverger : l'Onzon, côté Atlantique et le Langonand, côté Méditerranée. Le bourg de Sorbiers est une proue avancée au-dessus de l'agglomération stéphanoise.

Du **Grand-Logis** à **Sorbiers**

7 km | 1 h 45

A Sorbiers :

A Avant les maisons du **Grand-Logis** (757 m), prendre le chemin à droite. A la croix, descendre à gauche, franchir le thalweg et remonter. Prendre la D 106 à droite, traverser Cochollon et continuer par le chemin de crête. Poursuivre par la D 106 qui passe à droite de La Borgia et gagne Le Fayet.

B Obliquer à droite, puis descendre le sentier à droite. Prendre la piste à gauche. Elle s'élève jusqu'à Albuzy. Monter par le chemin en face. Contourner la première butte par la droite puis la seconde par la gauche et parvenir au carrefour de Montchovet.

C Se diriger à gauche à flanc de coteau. Après le réservoir, prendre la rue à droite et descendre par l'allée à gauche. Suivre la rue à droite. Après le parc et le rond-point, monter en face et atteindre le centre de **Sorbiers** (559 m).

De **Sorbiers** à **Saint-Chamond**

7 km | 1 h 45

Dans ce bassin au sous-sol riche en charbon, les activités industrielles séculaires ont laissé leurs traces. A droite, près du puits Pétin, l'ancien terril témoigne de l'histoire minière qui, à Sorbiers, débuta en 1825. A gauche, le polygone de Langonand sert aux essais de canons depuis 1902.

D A l'église de **Sorbiers**, descendre la ruelle à droite. Obliquer à gauche, descendre jusqu'aux feux, tourner à gauche et traverser la N 498. Monter en face. Passer un pylône et poursuivre sur 400 m.

E Bifurquer sur le chemin à gauche et passer le réservoir (*vue sur Saint-Chamond et la vallée du Gier*). Descendre, couper deux routes, virer à gauche, franchir le ruisseau et dévaler la pente à droite. Emprunter la route à gauche et traverser La Philippière. Descendre la rue, passer sous le viaduc de l'A 47, prendre la N 498 à droite et, avant le rond-point, longer le ruisseau à gauche. Suivre la voie express et rejoindre le GR7 à la passerelle qui enjambe la voie express.

F Emprunter la passerelle et entrer dans le vieux centre de **Saint-Chamond** (347 m). Passer le long de l'hôtel de ville (*ancien couvent des Minimes*) et monter à la gare.

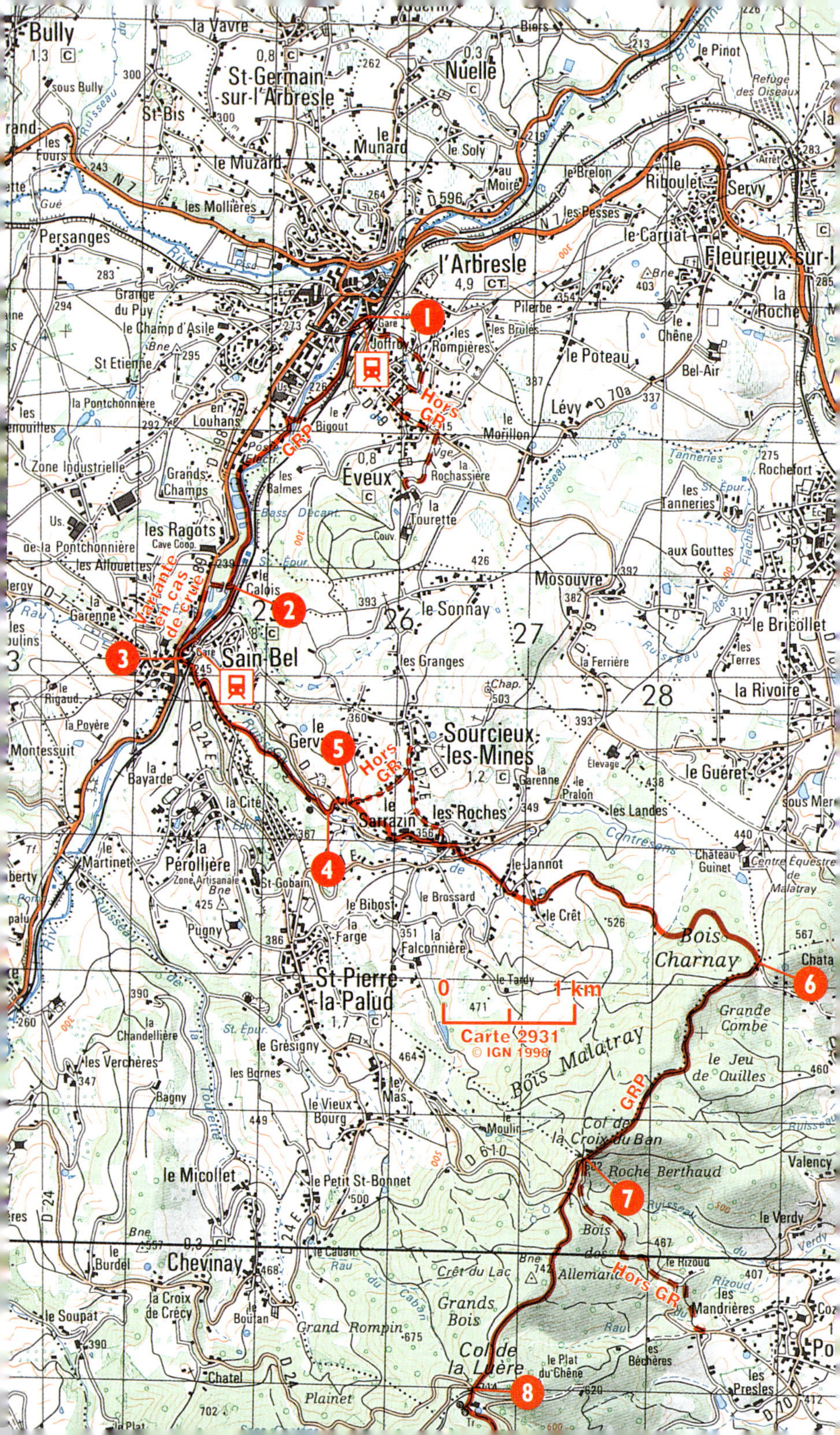
Bully
St-Germain-sur-l'Arbresle
Nuelle
l'Arbresle
Fleurieux-sur-l
Persanges
Éveux
Lévy
Sain-Bel
Sourcieux-les-Mines
St-Pierre-la-Palud
Chevinay
le Sarrazin
les Roches
Bois Charnay
Bois Malatray
Col de la Croix du Ban
Roche Berthaud
Col de la Luère
Grands Bois
Grand Rompin
Crêt du Lac
Hors GR
GRP
Variante en cas de crue
1
2
3
4
5
6
7
8
0
1 km
Carte 2931
© IGN 1998

Le sentier GR® de Pays

Tour des Monts du Lyonnais

De L'Arbresle à Sain-Bel

3 km 45 mn

A L'Arbresle :
A Sain-Bel :

L'Arbresle : église xve (grandes verrières de l'abside), porte de Savigny, maison de Jacques Cœur de style Renaissance, maison de Valou et son puits, tour du Fier-Odieu, vestiges des remparts élevés en 1060 par Dalmace.

1 De la gare de **L'Arbresle** (234 m), prendre la route à gauche, passer sous la voie ferrée et continuer par la rive droite de la Brévenne. Traverser le pont des Martinets, puis longer la rive gauche par le sentier des Pêcheurs sur 1 km et arriver au gué cimenté.

▶ En cas de crue, emprunter la route à droite, puis la N 89 à gauche jusqu'à Sain-Bel.

2 Franchir le gué, puis continuer par la rive droite jusqu'au pont de **Sain-Bel** (242 m).

De Sain-Bel au pied de Sourcieux-les-Mines

2 km 30 mn

3 Ne pas franchir le pont de **Sain-Bel**, tourner à gauche, traverser le passage à niveau près de la gare, poursuivre par la D 24E sur 150 m, puis monter à gauche par la route de Chantemerle. S'engager à gauche sur le chemin du Buth, passer près des anciens puits de mine de pyrite de fer et continuer par la petite route.

4 Prendre à gauche le chemin du Contresens, couper la D 7, gravir le chemin de terre, puis utiliser la petite route à gauche sur 50 m. Emprunter le chemin goudronné de la Baudette à droite jusqu'à une bifurcation, au pied de **Sourcieux-les-Mines** (310 m).

Hors GR® pour Sourcieux-les-Mines : 800 m 10 mn
A Sourcieux-les-Mines :
Monter à gauche à Sourcieux-les-Mines (401 m). Musée de la Mine.

Du pied de Sourcieux-les-Mines au col de la Croix-du-Ban

6 km 1 h 30

Au col de la Croix-du-Ban :

5 Au **pied de Sourcieux-les-Mines**, continuer à droite. Par le chemin des Mineurs, arriver au Sarrazin. Prendre à droite le chemin de la Fromenterie, remonter par la rue à gauche sur 150 m puis, après le carrefour, s'engager à droite sur le chemin de la Batie. Il passe sous la D 7, monte au Jannot puis au Crêt et s'élève à flanc. En haut, descendre le long de la clôture dans le pâturage, franchir le portillon (*le refermer*) puis le ruisseau. Le chemin grimpe dans le bois de Charnay et atteint le col de Fontrijole (501 m).

6 Continuer à droite sur 2 km jusqu'au **col de la Croix-du-Ban** (604 m).

0
1 km
Cartes 2931
2932
© IGN 1997, 1998
GRP
Hors GR
GR 7
7
8
9
10
11
12
13
Col de la Croix du Ban
Roche Berthaud
Col de la Luère
Col de Malval
Crêt Chevreau
Bois du Barthélémy
Bois Communaux
Grands Bois
Crêt du Lac
Chevinay
le Micollet
le Petit St-Bonnet
St-Bonnet le Froid
Grand Rompin
Plainet
Montmain
Parc Animalier
le Brulé
Monguinot
le Gravet
la Garine
Grand Bietto
Barmont
Triaume
Sotizon
Courzieu
Lafont
Longecombe
Verchères
Buissonnière
les Sagnettes
les Gouttes
le Soupat
les Bonnetières
St-Cry
la Brévenne
la Giraudière
les Allognets
le Corrompt
Brussieu
la Randonnière
la Moronnière
les Avergues
la Maillardière
Bois de la Croix de Part
les Hôtelleries
le Bourbon
la Roue
Biternay
St-Clair
le Cazot
la Maletière
Montferrat
Cunieux
la Girardière
la Motte
la Berlandine
la Vore
les Jumeaux
la Milonière
Col de la Fausse
Clavigny
les Arnauds
Vergnant
le Godard
le Raimonet
Roche Coucou
Ponce
les Balmes
le Bouillon
les Bechères
le Plat du Chêne
Allemand
Sérivol
Glavaroux
Lurcieux
Sudieu
Bergeron
Charachon
Rotozan
Pomeyrieu
D 24
D 50
D 113
D 25
D 81

▶ Possibilité de gagner Pollionay (*café, restaurant, car*) à 2,5 km par la D610 à gauche, puis à 1 km La Poizatière (*chambre d'hôtes*).

Du col de la Croix-du-Ban au col de Malval

5 km | 1 h 15

7 Au **col de la Croix-du-Ban**, couper la D 610, passer la croix-du-Ban (*ou croix des Bannis*) et continuer au Sud-Ouest dans le bois jusqu'au col de la Luère (715 m).

Eugénie Brazier ouvrit dans les années 1930 un restaurant au col de la Luère. Tous les personnages en vue de l'époque, de Marlène Dietrich à Ali Khan en passant par Charles De Gaulle, vinrent déjeuner à sa table. En 1932, deux étoiles lui furent attribuées au guide Michelin et, en 1933, il lui en décerna trois aussi bien pour le restaurant du col de la Luère que pour celui de la rue Royale à Lyon. Paul Bocuse fut son apprenti. Le restaurant ferma ses portes en 1974 quand la mère Brazier prit sa retraite.

8 Traverser le carrefour routier et passer au pied de deux tours. Le chemin vire à gauche puis à droite. A la croix, se diriger à droite sur 800 m vers le château de Saint-Bonnet-le Froid (*restaurant*). Avant la D 113, continuer à gauche, puis atteindre le **col de Malval** (732 m).

Du col de Malval au pied de Barmont

4 km | 1 h

9 Au **col de Malval**, traverser le carrefour routier et monter par le sentier au Sud. Couper la D 113, poursuivre par la petite route sur 1,5 km et passer Les Jumeaux.

10 Dans le virage, continuer par le chemin à droite, franchir le thalweg, puis monter par le chemin à droite. Au-dessus des Aduts, prendre le chemin à droite, puis le chemin en balcon à gauche. Couper la D 113, puis déboucher sur une petite route au **pied de Barmont** (833 m).

Hors GR® pour Yzeron : 2 km | 30 mn

A Yzeron :

Prendre la route en face, descendre par le chemin à gauche puis par la D 113 et un raccourci à **Yzeron** (670 m).

Du pied de Barmont au carrefour des Avergues

4 km | 1 h

11 Au **pied de Barmont**, dans le virage de la route, continuer par le chemin vers l'Ouest (*vues sur la vallée de la Brévenne*). Poursuivre par la route du Cazot jusqu'à la croix de Part (811 m).

12 A droite de la route, le chemin descend dans le bois de la Verrière. Par la petite route, atteindre le **carrefour des Avergues** (*croix et transformateur aérien*).

▶ Jonction avec le GR® 7 qui arrive à droite de Montrottier et qui se dirige à gauche vers Saint-Martin-en-Haut. Les deux GR® sont communs à gauche jusqu'au carrefour du Crêt.

GR 7
GRP
Hors GR
0
1 km
Cartes 2931
2932
IGN 1997 - 1998
11
12
13
14
15
16
17
18
19
Montromant
Yzeron
Duerne
St-Martin-en-Haut
Rochefort
Bois de la Lienne
Col des Brosses
Croix de Part
la Maillardière
la Fromenterie
le Tiollet
la Vindrolière
Maintigneux
la Bâtie
les Fanges
le Bernard
les Flaches
Crêt Pelossier
Pierre Longue

Du carrefour des Avergues à La Fromenterie

2,5 km 45 mn

13 Au **carrefour des Avergues**, poursuivre tout droit par la route puis par le chemin qui entre dans le bois de la Verrière. Couper la D 25, sortir des bois, puis bifurquer à gauche et gagner **La Fromenterie** (862 m).

Hors GR® pour Le Thiollet : 1,5 km 20 mn

Au Thiollet :

Prendre la D 489 à gauche, puis la route à droite jusqu'au **Thiollet** (770 m).

De La Fromenterie à la clairière des Brosses

1,5 km 20 mn

14 A **La Fromenterie**, couper la D 489, monter en face à la croix des Brosses, entrer dans le bois de la Lienne et arriver dans la **clairière des Brosses** (872 m).

Hors GR® pour Yzeron : 2,5 km 35 mn T

A Yzeron :

Continuer tout droit et descendre à Yzeron (700 m). Musée de l'Araire.

De la clairière des Brosses à Saint-Martin-en-Haut

6 km 1 h 30

A Saint-Martin-en-Haut : (hors GR®)

15 Dans la **clairière des Brosses**, tourner à droite, poursuivre par le chemin creux, sortir du bois près de la ferme de la Lienne et arriver à La Croix-Perrière (*possibilité de gagner le camping du Bois à 1 km, par la D 122 à droite*).

16 Traverser la D 122, continuer en face, passer la ferme du Gazanchon, descendre à droite vers la ferme de la Poipe puis, dans le virage, poursuivre par le chemin qui s'élève en pente douce dans le bois puis descend en pente raide. Couper la route du Colombier, franchir le ruisseau, remonter par le sentier encaissé et arriver au site de Rochefort.
Croix de pierre à l'entrée du pays, maison de 1614, ruines du château-fort, église à nef romane avec clocher et chapelles gothiques.

17 Contourner Rochefort par l'Est, longer le lotissement jusqu'au cimetière, puis descendre au rond-point à l'entrée de **Saint-Martin-en-Haut** (720 m).

De Saint-Martin-en-Haut à Saint-André-la-Côte

6 km 1 h 30

A Saint-André-la-Côte :

18 Passer la bascule de **Saint-Martin-en-Haut** et prendre la route des Verpillères. Longer le parc municipal, continuer vers Les Fanges et, à l'embranchement, bifurquer sur la route à gauche. Passer une croix de bois, poursuivre sur 800 m et, après une croix en fer peu avant la ferme du Moulin-Bernard, partir à gauche. Franchir le ruisseau du Rieu, monter à gauche au Sapin, couper la D 113, se diriger à gauche au-dessus des Flaches vers un bouquet d'arbres, tourner à droite puis à gauche et entrer dans le bois.

▶ Le sentier utilisé par le GR® 7 est privé : ne pas s'en écarter et ne pas stationner.

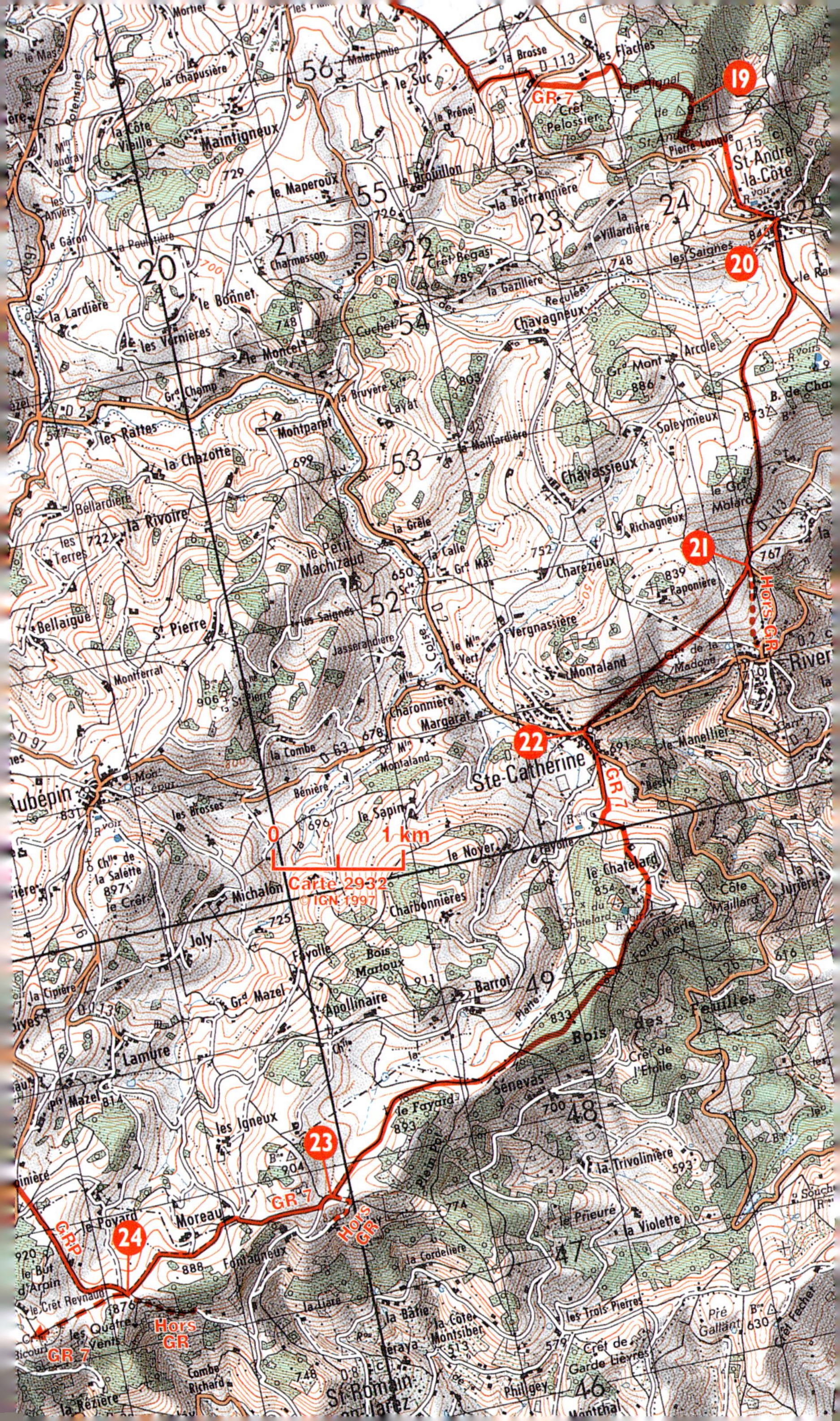

19
20
21
22
23
24
GR 7
GRP
Hors GR
0
1 km
Carte 2932
© IGN 1997
St-André-la-Côte
Ste-Catherine
Maintigneux
Chavagneux
Chavassieux
Charézieux
Vergnassière
Montaland
Margarat
Charonnière
la Rivoire
Bellaigue
St Pierre
Montferral
Aubépin
Michalon
Joly
Fayolle
Apollinaire
Barrot
Bois des Feuilles
Sénevas
la Trivolinière
la Violette
le Prieuré
la Cordelière
Moreau
Fontagneux
le Poyard
les Quatre Vents
St-Romain-en-Jarez
Phillgey
les Trois Pierres
Pré Gallant
le Chatelard
le Manellier
Riverie
Lamure
les Igneux
le Fayard
Crêt Pelossier
la Bertrannière
le Brouillon
le Maperoux
Charmesson
le Bonnet
la Lardière
les Rattes
la Chazotte
Montparet
le Petit Machizaud
la Grêle
la Maillardière
Soleymieux
Richagneux
Paponière
les Saignes
la Villardière
la Gazillère
Crêt Begasi
la Chapusière
le Suc
la Brosse
les Flaches

19 Au signal de Saint-André (922 m ; *point de vue, aire de pique-nique*), descendre par le chemin pierreux. Suivre la D 113 à gauche sur 50 m, passer la stèle du maquis, continuer tout droit, puis virer à droite et atteindre **Saint-André-la-Côte** (830 m).

De Saint-André-la-Côte au carrefour de Bréle-Fer

3 km 50 mn

Dans tout ce secteur de très ancienne tradition catholique appelé La Petite Vendée, nombreuses croix aux carrefours des chemins.

20 Quitter **Saint-André-la-Côte** par la D 113. A la croix, prendre la route de droite et parvenir sur la crête. Au bouquet d'arbres, s'engager à gauche sur le chemin empierré, traverser une zone de prairie, puis descendre (*vue sur le bourg fortifié de Riverie à gauche*). Emprunter la D 113 à droite jusqu'au **carrefour de Bréle-Fer** (762 m).

▶ Possibilité de descendre à Riverie (*ravitaillement, café, restaurant*) à 800 m.
Riverie est bâti sur un promontoire qui, depuis le chemin de ronde (table d'orientation) offre un panorama sur la vallée du Rhône, le Pilat et les Alpes. Eglise (reliquaire offert par Anne de Beaujeu, fille de Louis XI au baron Claude Laurencin).

Du carrefour de Bréle-Fer à Sainte-Catherine

1,5 km 20 mn

A Sainte-Catherine :

21 Au **carrefour de Bréle-Fer**, suivre la route à droite vers Servannière. Avant le virage, partir à gauche et descendre par le chemin herbeux à **Sainte-Catherine** (698 m).

De Sainte-Catherine à la croix du Balay

5 km 1 h 15

A Sainte-Catherine, une fresque murale symbolise le partage des eaux entre le Rhône et la Loire. A partir du Châtelard, vue sur la vallée du Gier et le Pilat.

22 Quitter **Sainte-Catherine** par la D 128, bifurquer à droite puis à gauche, poursuivre sur 400 m, puis monter à gauche par le chemin caillouteux qui coupe quatre lacets de la route et arrive au camping du Châtelard. Après le camping, au bout de la prairie, virer à droite puis à gauche et entrer dans le bois de chênes du Petit-Châtelard. Traverser une zone de pâturage, passer à droite du Fayard et gagner la **croix du Balay** (867 m).

Hors GR® pour Le Balay : 400 m 5 mn
Au Balay :
Tourner à gauche, puis à droite et atteindre Le Balay.

De la croix du Balay au carrefour du Crêt

2 km 30 mn

23 A la **croix du Balay**, poursuivre par la route sur 400 m. Au Moreau, continuer à gauche par le chemin empierré jusqu'au **carrefour du Crêt** (860 m).

▶ Séparation du GR® 7 qui continue tout droit vers Saint-Chamond (*voir pages 124 et 125*). A 1 km à gauche, Trinque Barra (*restaurant*).

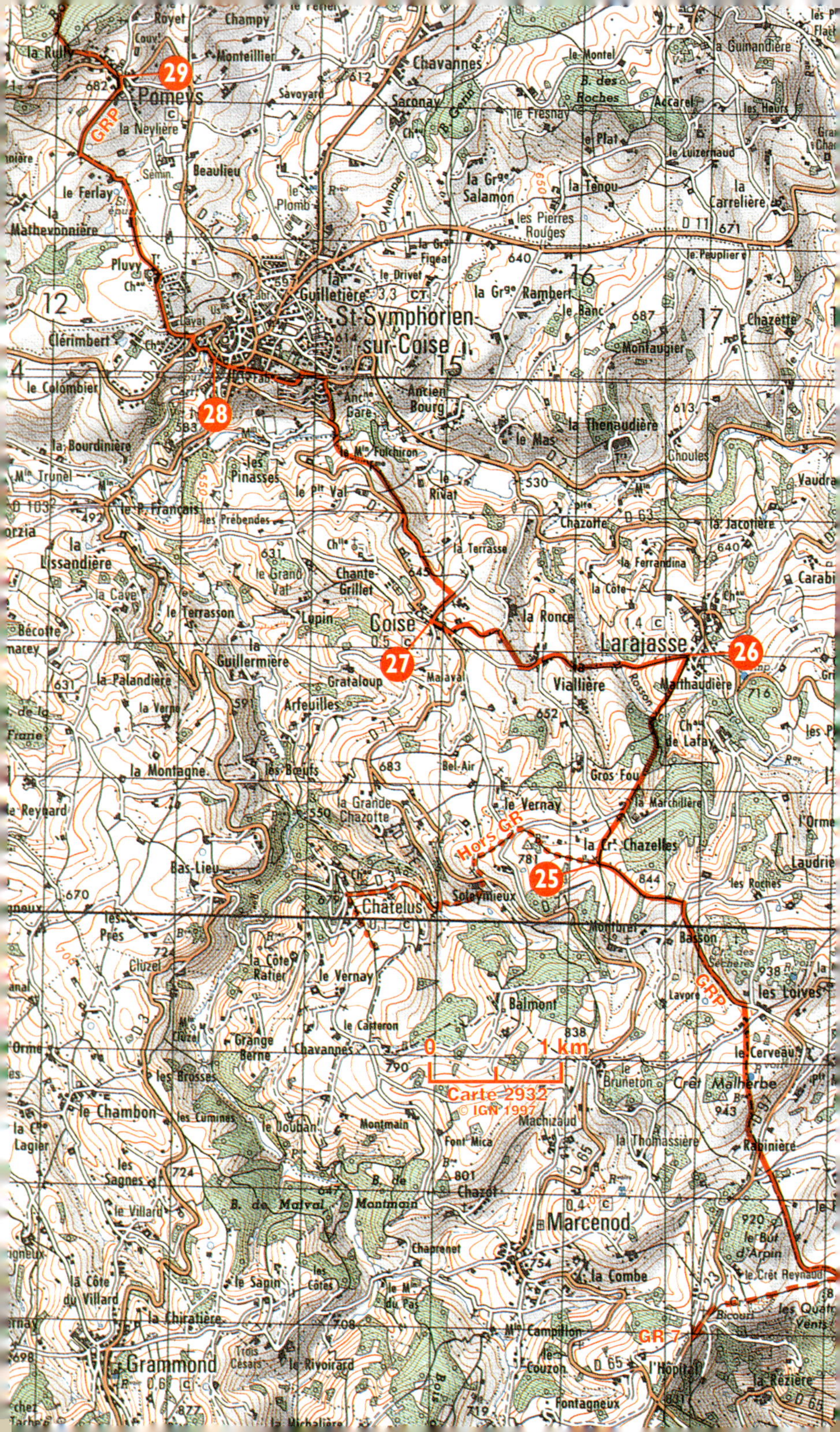
29
28
27
26
25
GRP
Hors GR
GR 7
0
1 km
Carte 2932
© IGN 1997
Pomeys
St-Symphorien-sur-Coise
Coise
Larajasse
Châtelus
Soleymieux
Marcenod
Grammond
Chavannes
Saronay
Montaugier
Chazette
la Thenaudière
le Mas
Ancien Bourg
les Pinasses
le Rivat
Chazotte
la Jacotière
la Ferrandina
Vialliere
Marthaudière
Gros Fou
la Marchillère
la Cr. Chazelles
Basson
les Loives
le Cerveau
Crêt Malherbe
Rabinière
le Bur d'Arpin
la Combe
l'Hôpital
la Rezière
les Quatre Vents
Bicourt
Balmont
Machizaud
la Thomassière
Chaprenet
Campillon
Fontagneux
le Couzon
le Rivoirard
Trois Césars
la Chiratière
le Chambon
les Brosses
Grange Berne
le Douban
Montmain
B. de Malval
le Villard
les Sagnes
la Côte du Villard
Bas-Lieu
les Prés
Cluzel
la Côte Ratier
le Vernay
le Carteron
la Montagne
les Bœufs
la Grande Chazotte
Bel-Air
le Vernay
Arfeuilles
Grataloup
Malaval
la Guillermière
la Palandière
la Verne
le Terrasson
Lupin
Chante-Grillet
le Grand Val
la Lissandière
la Cave
Bécotte
le P. Français
les Prébendes
le Pt Val
la Bourdinière
le Colombier
Clérimbert
Pluvy
la Mathevonnière
le Ferlay
la Neylière
Beaulieu
le Plomb
Monteillier
Champy
Royet
la Rully
Savoyard
le Fresnay
le Plat
la Tenou
la Gde Salamon
les Pierres Rouges
la Gde Figeat
le Drivet
la Guilletière
la Gde Rambert
le Banc
la Carrelière
le Luizernaud
Accarel
la Guinandière
B. des Roches
le Montel
la Terrasse
la Ronce
la Côte
Chazelles
Montoiret
Lavore
les Roches
Laudrie
l'Orme
Vaudra
Carabi
Choules
le Peuplier
le Crêt Reynaud
la Chapelle
Font Mica
Charot

Du carrefour du Crêt à l'éperon de Chazelles

4 km 1 h

24 Au **carrefour du Crêt**, descendre à droite, passer Le But-d'Arpin, continuer par la route puis le chemin, puis emprunter la D 97 à droite sur 50 m. Monter à gauche par le chemin caillouteux qui gagne Les Loives. Couper la route, descendre par le chemin en face, puis suivre la petite route à droite sur 100 m. Au carrefour (821 m), s'engager sur le chemin à gauche et atteindre un croisement sur l'**éperon de Chazelles** (croix).

Hors GR® pour Châtelus : 3,5 km 50 mn

A Châtelus :

Voir tracé en tirets sur la carte.

De l'éperon de Chazelles à Larajasse

1,5 km 25 mn

A Larajasse :

25 Quitter la crête de **Chazelles** par le chemin à droite, couper la D 601 à la croix de Chazelles, dévaler la pente raide par le sentier forestier, franchir le Rosson et remonter jusqu'au hameau de La Marthaudière (685 m), à l'entrée de **Larajasse**.

De Larajasse à Coise

2 km 35 mn

A Coise :

26 Avant **Larajasse**, descendre par le chemin à gauche en épingle. Franchir le Rosson puis un affluent, poursuivre par la route sur 300 m et prendre le chemin à droite. Avant La Ronce, monter à gauche et arriver dans **Coise** (650 m).

De Coise à Saint-Symphorien-sur-Coise

3 km 45 mn

A Saint-Symphorien-sur-Coise :

27 Se diriger vers le stade de **Coise**. Tourner à gauche, suivre le chemin puis la petite route et bifurquer sur le chemin à droite. Emprunter la D 71 à droite pour franchir la Coise, continuer sur 100 m, puis monter par le chemin à droite et longer la cité Grange-Bastié. Par l'allée L.-Bonnevay, la rue de Givors, le boulevard de la Badière, arriver place de la République à **Saint-Symphorien-sur-Coise** (560 m).

De Saint-Symphorien-sur-Coise à Pomeys

3 km 45 mn

A Pomeys :

Ville natale d'Antoine Pinay, Saint-Symphorien-sur-Coise est la capitale du saucisson sec (15% de la production française). Eglise-forteresse édifiée sur les ruines du château féodal, porte Riverie et maisons Renaissance. Les habitants se nomment Pélauds en référence à la tradition de la tannerie. Vues sur le Dauphiné et les Alpes.

28 Quitter **Saint-Symphorien** par le boulevard Margot et la rue de Chazelles à gauche. Franchir le pont, utiliser à droite le passage des Oiseaux puis un escalier, couper l'avenue du Forez, prendre l'allée de Pluvy et passer le château. Continuer par le chemin puis la route. A la croix de Chazelles, tourner à droite et gagner **Pomeys** (682 m).

La culture des fruits rouges

La culture des fruits rouges connaît un développement certain. Pratiquée en marge de la production laitière, elle est une des clefs de voûte de l'agriculture des monts du Lyonnais. Elle compte 114 producteurs de fraises pour une superficie totale de 43 ha et 99 producteurs de petits fruits (essentiellement framboises) pour une surface totale de 53 ha.

Les fraises

Depuis plus d'un siècle, l'Ouest Lyonnais et les monts du Lyonnais produisent des fraises. Les fraisiers sont plantés en pleine terre et ils sont entourés de plastique pour empêcher l'herbe de pousser. Les fraises sont cueillies le matin, conditionnées en barquettes au champ puis livrées aux expéditeurs locaux en début d'après-midi. Elles seront au plus tard le lendemain matin sur les étals des marchés de la région. En pleine saison, la récolte est un véritable chantier avec parfois jusqu'à 25 ramasseurs sur certaines exploitations.

Fraisier. *Dessin N.L.*

Les framboises et petits fruits

Les premiers framboisiers des monts du Lyonnais ont été plantés en 1951. C'est depuis 1970-75 que la framboise connaît un véritable essor. La production locale s'élève aujourd'hui à environ 400 tonnes de framboises, vendues « fraîches », et 250 tonnes, vendues auprès des pâtissiers et de l'industrie agroalimentaire. La framboise reste la reine des petits fruits des monts du Lyonnais, mais on cultive aussi des groseilles, des myrtilles, des cassis et des fraises des bois. Cette gamme très complète de petits fruits rouges fait la réputation de cette petite région.

Framboisier. *Dessin N.L.*

Les croix de chemin

Les monts du Lyonnais sont caractérisés par une tradition catholique très marquée, il n'est pas étonnant d'y trouver de nombreux témoignages de la pratique religieuse. On a ainsi dénombré 231 croix de chemin sur le canton de Saint-Symphorien-sur-Coise et actuellement de nouvelles croix sont encore érigées. Edifiées sur les places publiques, les sommets, aux croisements de chemins, près d'une chapelle, elles expriment la dévotion des habitants d'un hameau, d'un groupe de notables, d'une famille ou d'un individu, lors d'événements précis : les missions (prédications dans un village par un religieux), les jubilés (années saintes tous les 25 ans environ), lors de funérailles (croix des morts) ou pour des motivations individuelles (en remerciement d'un vœu exaucé). Par exemple, la croix Rossand à Saint-Genis-L'Argentière porte l'inscription sur le socle : « Sainte Barbe, préservez-nous du feu et de la grêle ». Les plus belles et les plus anciennes sont en pierre de Glay ou en calcaire blanc. Puis, le développement de la métallurgie dans la vallée du Gier a favorisé l'essor de croix en fer forgé à partir du XVIIIe siècle. Les croix les plus remarquables ont un décor sculpté : le Christ d'un côté et la Vierge à l'enfant de l'autre, quelquefois couronnés par un ange, parfois encadrés par des figures de saints. La croix de Saint-Roch, la plus ancienne du Rhône (Bibost, XVe siècle), celles de la Grand'Croix (Villechenève), de Sourcieux-les-Mines, Larajasse, Saint-André-la-Côte, sont d'un intérêt certain.

Photo J.L. / CDRP69.

0
1 km
Cartes 2931
2932
© IGN 1997, 1998
GRP
Hors GR
29
30
31
32
33
Haute-Rivoire
les Halles
Souzy
Ste-Foy-l'Argentière
l'Argentière
Aveize
Pomeys
la Croix Sopha
Pelussieu
la Valetière
Thoranche
le Brondeau
les Prébendes
la Garenne
la Bourie
Valette
le Caillet
le Bief
aux Sapins
le Bois Rochoud
la Flachardière
chez Tollet
Goyardière
Michaud
Pierres Planches
Tourville
le Noyer
Vermont
la Brétatière
le Vernay
Chaput
les Maisons Neuves
Brulés
Chirat
la Fournière
les Pins
les Fontaines
Laye
chez Brois
le Marion
le Chevalier
Blanc Parron
la Côte Rôtie
Beauvisage
Fenoyl
Pinet
le Haut
Pragrand
le Devet
les Roches
la Minjardière
Aurichaud
Lamard
la Chênevatière
la Châtelière
St-Charles
Bellevue
Champagnol
Brûlevent
Grangeon
Micaud
Trouilloux
le Bois
la Bonnetière
le Bravaret
le Boulot
les Mayères
Bancel
le Noyer
la Goutte
le Bouchat
le Périar
le Venet
la Marguerite
les Gouttes
les Grenetières
Pagnon
les Flaches
la Soutange
le Bessenay
la Gde Blanche
Madalon
les Ormes
la Cité
le Caron
les Rivières
les Monts Neuves
Chenevière
le Trouillard
le Gd Bel
Tortigneux
les Esparcieux
B. de Châtelar
le Reynard
le Glas
Brochetière
Sorlin
Clémençon
Brosses
la Gde Reynard
Chenève
la Montagne
le Biternay
Rizoud
les Ornages
la Presle
le Trève
Berthier
Trouilloux
la Courtine
le Plat
la Sardière
la Favolle
Lamure
la Chava
les Giraudes
le Pétier
Champy
Monteillier
le Perrord
le Royet
le Fourchet
le Voiturin
le Planchet
la Rulle
la Neylière
les Bruyères
Savoy
le Gas
Rivoire
Orzon
N 89
D 489
D 4
D 34
D 61
D 81
D 60

De Pomeys au ruisseau de la Gimond

3 km 1 h

29 A l'église de **Pomeys**, bifurquer à gauche puis à droite et passer la fontaine Saint-Martin.

Une tradition fait remonter les origines de la paroisse au passage en ces lieux, au 4e siècle, de Martin alors évêque de Tours. De retour de sa patrie hongroise, et faisant route vers son évêché, le grand apôtre des campagnes aurait arrêté sa monture auprès de cette source qui, depuis, est intarissable.

Au bout de la montée cimentée, prendre le deuxième chemin à droite. Au bosquet de chênes, se diriger encore à droite et descendre par l'allée forestière au barrage de la Gimond. Ne pas franchir le barrage, longer le plan d'eau, traverser le petit pont en amont et prendre le chemin à droite pour arriver au Viricel. Continuer par la route. Elle enjambe le **ruisseau de la Gimond** (687 m).

Hors GR® pour **Aveize :** 2,5 km 35 mn

A Aveize :

Longer le ruisseau à droite, puis gagner **Aveize** (780 m).

Du ruisseau de la Gimond à Sainte-Foy-l'Argentière

7 km 1 h 45

A Sainte-Foy-l'Argentière :

30 Après le **ruisseau de Gimond**, continuer par la route, couper la D 34 entre deux croix de pierre et descendre par le chemin de terre puis la route aux Esparcieux (*point de vue sur la région de Sainte-Foy*). Après le virage à gauche, partir à droite, croiser la D 61, puis la prendre sur 30 m et descendre par la route à gauche en utilisant un raccourci. Passer sous la maison de repos de L'Argentière (car).

31 Dans le virage, poursuivre par le chemin puis la D 633 et franchir le pont sur la Brévenne. Traverser la N 89 près du magasin Intermarché, continuer par la D 633 sur 500 m. Tourner à droite, passer le lotissement, virer à droite, puis emprunter la N 89 à gauche pour arriver au centre de **Sainte-Foy-l'Argentière** (424 m).

De Sainte-Foy-l'Argentière à la croix de la Grande-Borne

4,5 km 1 h 15

32 Quitter **Sainte-Foy-l'Argentière** par la D 4 sur 300 m. Tourner à gauche dans le lotissement des Vignes, longer la rive gauche du Pragrand, puis monter par le chemin à droite jusqu'à un carrefour de petites routes. Prendre la route en face. A la ferme, virer à droite, passer en lisière du bois, déboucher sur une route, puis continuer par le chemin décalé à droite. Couper la route (croix). Après une éminence, déboucher sur la D 81.

Hors GR® pour **Saint-Laurent-de-Chamousset :** 1 km 20 mn

A Saint-Laurent-de-Chamousset :

Prendre la D 81 à droite et gagner **Saint-Laurent-de-Chamousset** (620 m).

Emprunter la D 81 à gauche sur 30 m jusqu'à la **croix de la Grande-Borne** (650 m).

39
38
37
36
35
34
33
GRP
GR 7
Hors GR
0
1 km
Carte 2931
© IGN 1998
Albigny
le Michaud
Bonnamour
les Chazottes
la Renardière
Pontu
Armont
Malagoutte
Croix du Fol
la Croix Matillon
les Auberges
Montchanin
St-Martin
Longessaigne
Montrottier
la Chambardière
le Renevier
les Bottières
Montaly
Croix Mazieux
Mazieux
le Pionnier
la Pelleraie
Bord d'Huile
le St-Jean
au Vacher
les Humberts
le Pélerat
Crêt Pélerat
Montmenot
l'Elite
le Monin
le Mas St-Jean
le Mollon
la Petite Bigaudière
les Flachisses
aux Rochettes
la Bigaudière
les Roches
la Grand'Cour
le Coquis
la Brigadière
Granval
la Curtillat
la Rouillère
Pinéteau
le Camus
la Déserte
Malval
la Marche
les Gouttes
le Raty
Montmartin
l'Olivière
Grand'Maison
la Botte
Grande Botte
la Farge
Petite Botte
le Crêt Suchet
la Péraudière
le Moulin
la Beauverdière
la Brosse
la Guillonas
le Munard
le Joanon
la Grand'Maison
Mont Pottu
Villecour
le Prou
Grand Pitaval
le Gonnet
Pottu
Malherbe
les Places
chez Odin
la Mazalière
la Renaudière
le Blanc
le Pitaval
le Recorbet
la Chapelle
la Grand'Croix
Brullioles
le Trimel
chez Robert
le Grand Vial
les Brosses
Chamousset
la Pierre Noire
Montisue
Laprat
la Sada
Chevaleron
Clément-les-Places
la Conche
la Bourdelière
Chamasson
vers l'Air
le Charmeton
St Bonnet
la Colle
la Poste
vers le Bois
Pin Thibeaud
Bellevé
la Battelière
les Maisons Neuves
la Croix Sopha
St-Laurent-de-Chamousset
aux Gouttes
le Blanc
les Brulés
les Fontaines
Gorges de l'Enfer
Combaroux
Mont Pancu
le Chirat
la Fournière
les Pins
le Roussiaud
le Giraud
Pontay
le Plano
les Combes
la Demi-Lune
l'Arquillère
la Paissée
les Filleuls
la Roche
le Canet
Molagy
le Vire
la Mure
la Flachère
Robagny
le Rozier
chez Jacques
le Souzy
la Parollière
Mont Brard

De la croix de la Grande-Borne à Montchanin

8 km | 2 h 15

A Montchanin :

33 Au carrefour de la **croix de la Grande-Borne**, suivre la petite route à droite (Nord) sur 150 m, puis bifurquer sur la route à gauche. Au croisement, partir à droite et emprunter la D 4 à gauche. A Chevaleron, prendre la D 101 à gauche sur 300 m, puis monter par le chemin à droite et passer la ferme du Grand-Robert.

34 Au croisement, s'engager sur le chemin à droite, continuer par la D 4 à gauche sur 500 m puis la petite route à gauche. Elle conduit aux Places. Se diriger à droite, puis parcourir la route à droite et déboucher sur la D 4, près de La Grand-Maison.

▶ Possibilité de gagner le camping de La Grand-Maison, à 200 m à droite.

35 Emprunter la D 4 à gauche sur 50 m, puis monter par le chemin à droite. Bifurquer à gauche, longer la lisière, puis traverser le bois et descendre. Prendre la D4 (croix) à droite sur 100 m, puis s'engager sur le large chemin qui descend aux Gouttes. Suivre la route à gauche, passer Malval et gagner Camus. A l'entrée du hameau, tourner à droite, puis monter par le chemin à gauche et atteindre l'intersection de **Montchanin** (710 m).

▶ Jonction avec le GR® 7 qui arrive à gauche de Villechenève. A droite, les GR® sont communs jusqu'à l'entrée de Montrottier.

▶ Possibilité de gagner Les Auberges (restaurant) à 1 km par le GR® 7 à gauche.

De Montchanin à Montrottier

1,5 km | 20 mn

A Montrottier :

36 A l'entrée de **Montchanin**, prendre à droite le chemin qui descend dans le vallon. Il arrive près de la chapelle de Saint-Martin-les-Périls. Gagner la poste, à l'entrée de **Montrottier** (650 m ; *halles, église et vestiges du château*).

▶ Séparation du GR® 7 qui traverse Montrottier à droite et se dirige vers Les Avergues puis Saint-Chamond.

De Montrottier au Crêt-d'Arjoux

8 km | 2 h 30

37 Ne pas entrer dans **Montrottier**, mais prendre la D 24 à gauche et la petite route à droite. Elle passe le cimetière, contourne le vallon du Conant et se prolonge par un chemin qui monte au Nord-Est. Continuer tout droit par la D 7 jusqu'à la croix de Mazieux (687 m).

38 Traverser le carrefour, prendre la petite route en face, puis monter par le chemin à gauche. Il passe sous le crêt Pélerat et atteint le hameau de Montmenot (749 m). Emprunter la route à gauche sur 200 m, le chemin à droite, puis bifurquer à gauche et descendre au Mas-Saint-Jean (595 m).

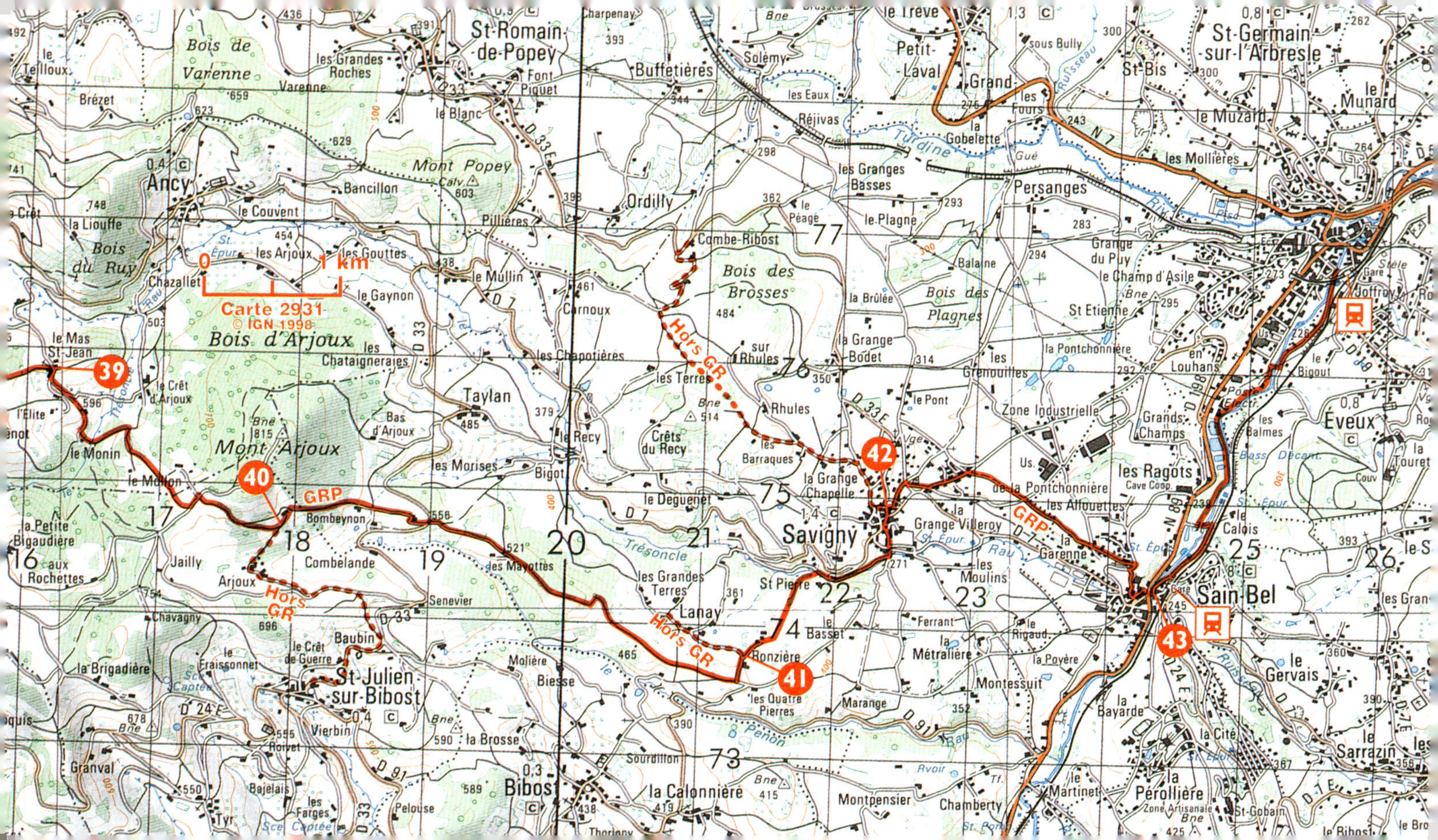

St-Germain-sur-l'Arbresle
Sain Bel
Savigny
St-Romain-de-Popey
Ancy
St-Julien-sur-Bibost
Bibost
Mont Arjoux
Bois d'Arjoux
Bois des Brosses
Bois des Plagnes
Bois du Ruy
Bois de Varenne
Mont Popey
Éveux
Persanges
Sarrazin
la Pérollière
Montessuit
la Calonnière
Montpensier
Chamberty
Taylan
Ordilly
Buffetières
Crêts du Recy
Grange Villeroy
Zone Industrielle
les Ragots
Lanay
Ronzière
St Pierre
Combelande
Bombeynon
Arjoux
GRP
Hors GR
39
40
41
42
43
Carte 2931
© IGN 1998
0
1 km

39 Au Mas-Saint-Jean, prendre la route à droite, passer Le Reynaud, puis descendre à gauche pour franchir le gué du Trésoncle (560 m). Monter dans le bois, puis sur une croupe. Emprunter la route (709 m) à gauche sur 150 m, puis le chemin à droite. Il descend dans le bois et aboutit à la route du hameau du **Crêt-d'Arjoux** (668 m).

Hors GR® pour **Saint-Julien-sur-Bibost :** 2,5 km 40 mn

A Saint-Julien-sur-Bibost :

Descendre par la route à droite, par un raccourci et gagner Saint-Julien (540 m).

Du Crêt-d'Arjoux au carrefour de Ronzière 4 km 1 h

40 Laisser le hameau du **Crêt-d'Arjoux** à gauche, descendre par la route à droite sur 25 m, puis par le chemin à gauche jusqu'à Bombeynon. Continuer par la petite route, couper la D 33, laisser la ferme des Mayottes à droite et descendre par le chemin en crête. Prendre la petite route à gauche et arriver au **carrefour de Ronzière** (400 m).

Hors GR® pour **Lanay ou Les Grandes-Terres :** 500 m 10 mn

Aux Grandes-Terres :

Prendre la route à gauche.

Du carrefour de Ronzière à Savigny 2 km 30 mn

A Savigny : (à 3,5 km)

41 Au **carrefour de Ronzière**, bifurquer à droite, puis descendre à droite par le chemin creux et franchir le Trésoncle sur une passerelle. Poursuivre à droite par la route en rive gauche du Trésoncle sur 600 m. Au rond-point, entrer dans **Savigny** (300 m).

De Savigny à Sain-Bel 2,5 km 40 mn

A Sain-Bel :

Savigny fut le siège d'une importante abbaye bénédictine qui a laissé de nombreux vestiges (tour de l'Horloge, portes et fenêtres Renaissance et sculptures XIIe).

42 De l'église de **Savigny**, se diriger par la rue des Rosiers vers le cimetière. Le contourner par la droite, puis grimper par la rue des Hauts-de-Savigny. Elle se prolonge à droite par un chemin. Continuer par la route jusqu'à une croix. Descendre à droite par l'allée du Château puis l'escalier. Traverser la place du Marché, puis suivre la rue Jean-Volay qui débouche sur la N 89 près du pont de **Sain-Bel** (246 m).
L'orthographe très particuliere de Sain-Bel peut s'expliquer par l'étymologie latine *sanum bellum* (sain et beau). Maisons anciennes et église XVe. Le château (forteresse de Montbloy) dominant la vallée de la Brévenne était la possession de l'abbaye de Savigny au 10e siècle. Il demeura la résidence des abbés jusqu'au XVIIIe siècle.

De Sain-Bel à L'Arbresle 3 km 45 mn

43 Traverser le pont de **Sain-Bel**, prendre à gauche la route de Beaulieu et, par l'itinéraire utilisé à l'aller, regagner **L'Arbresle**.

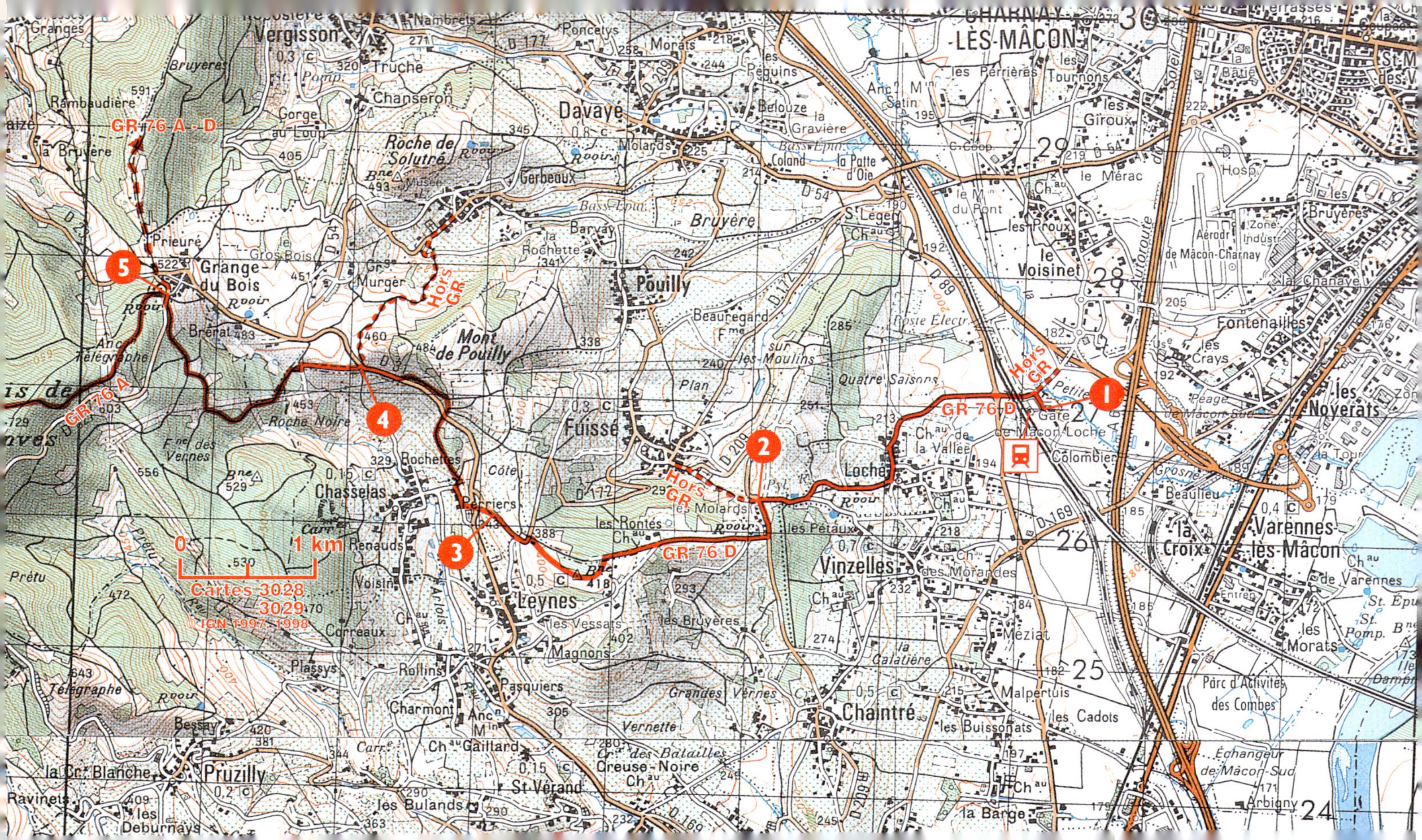

CHARNAY-LÈS-MÂCON
Vergisson
Davayé
Pouilly
Fuissé
Loché
Vinzelles
Chaintré
Chasselas
Leynes
Pruzilly
St Vérand
Varennes-lès-Mâcon
les Noyerats
Roche de Solutré
Mont de Pouilly
Grange-du Bois
Gare de Mâcon-Loché
GR 76 A - D
GR 76 A
GR 76 D
Hors GR
1
2
3
4
5
0
1 km
Cartes 3028
3029
© IGN 1997-1998

Liaison de la gare TGV de Mâcon-Loché au sentier GR® 7

▶ La liaison emprunte d'abord le GR® 76D de la gare TGV à La Grange-du-Bois.

De la gare TGV de Mâcon-Loché aux Molards

2,5 km 45 mn

A Mâcon-Loché :

L'itinéraire traverse le vignoble mâconnais aux appellations réputées puis arrive en vue de la célèbre roche de Solutré.

1 Quitter la **gare TGV de Mâcon-Loché** (181 m ; *taxis, bus*), traverser le parking, se diriger à gauche sur 100 m et déboucher sur la route de Mâcon (*par la route à droite, hôtel Balladins à 200 m*). Prendre la route à gauche jusqu'à l'église de Loché, puis monter par la route à droite vers Fuissé et gagner **Les Molards** (302 m).

Hors GR® pour Fuissé : 1 km 15 mn

A Fuissé :

Continuer tout droit par la route jusqu'à Fuissé (246 m).

Des Molards à la D 31

4,5 km 1 h 15

2 Prendre la D 209 à gauche, longer le lotissement des **Molards**, puis tourner deux fois à droite pour passer aux Rontés. Gravir à gauche le chemin empierré, côtoyer l'aire d'aéromodélisme, puis descendre à gauche par la D 172 (*dans le virage, vue sur le village de Chasselas*) vers Chasselas sur 150 m.

3 Descendre à gauche par le chemin dans le vignoble. Traverser la D 31, puis suivre la D 310 à droite. A la croix, obliquer à droite vers le mont Saint-Pierre. Le chemin monte à gauche le long des vignes. Coupe la D 31, continuer par le chemin parallèle à la route, passer sous la ligne à haute tension, puis emprunter la **D 31** sur 300 m (427 m).

Hors GR® pour Solutré-Pouilly : 2 km 30 mn

A Solutré-Pouilly :

Descendre par le chemin à droite et gagner à droite **Solutré-Pouilly** (300 m). Village situé au pied de la roche de Solutré.

De la D 31 à La Grange-du-Bois

2,5 km 30 mn

A La Grange-du-Bois :

4 Quitter la **D 31** pour le large chemin à gauche vers le bois de Cenves. Après le virage, prendre à droite le sentier herbeux qui entre dans le bois. Franchir le ruisseau, monter à flanc, passer deux fois sous la ligne à haute tension, puis tourner à droite vers Rontémonard. Le chemin s'élargit et longe une prairie. Descendre à droite par la D 627 sur 150 m, au-dessus de **La Grange-du-Bois** (540 m).

▶ Jonction avec le GR® 76A qui arrive en face de Pierreclos.

GR 76 A - D
GR 76 D
GR 76 A
5
6
7
8
9
10
11
0
1 km
Cartes 2928 - 3028
2929 - 3029
© IGN 1997, 1998
Grange-du Bois
Bois de Cenves
Prémessin
Rontecolon
la Pierre-David
Cenves
Col de Gerbet
Col de Boubon
Col de la Sibérie
Col-de-Fontmartin
Bois de Fontmartin
Pruzilly
Juillé
Chagny
Saint-Jacques-des-Arrêts
Germolles-sur-Grosne
Ouroux
Grosne

▶ La liaison emprunte désormais le GR® 76A à gauche jusqu'au GR® 7.

De La-Grange-du-Bois à Cenves

6,5 km | 2 h

A Cenves :

5 A **La Grange-du-Bois**, monter à gauche par la petite route sur 75 m, puis bifurquer à gauche (*bien suivre le balisage*) et entrer dans le bois de Cenves. Grimper par un chemin caillouteux, passer près d'un pylône, arriver sur la crête, puis contourner la butte par la droite. Au collet, se diriger à gauche et retrouver la crête au Grillou (684 m).

6 Continuer en face en lisière de forêt, prendre la D 627 à droite sur 400 m et arriver à un terre-plein (650 m ; *abri*).

▶ Par le deuxième chemin à droite, possibilité de grimper sur le Rontécolon (743 m). Table d'orientation, panorama sur la Mère Boîtier, la plaine de la Saône et Juliénas.

7 Emprunter le premier chemin d'abord à plat puis en légère descente. A l'embranchement, obliquer à gauche et entrer en sous-bois. Le sentier devient plus étroit et amorce une descente raide vers Le Rousset. Prendre le chemin perpendiculaire à gauche, puis descendre par la route (496 m). Remonter par la D 23 à gauche sur 400 m, s'engager sur le sentier à droite, franchir la Petite Grosne et gravir une pente raide et caillouteuse pour arriver en face de la mairie de **Cenves** (605 m).

De Cenves à la source du Carruge

6 km | 1 h 35

Cenves est appelé le village des chèvres. Maison du Fromage à l'entrée du bourg.

8 Monter à gauche dans **Cenves**, passer le carrefour et prendre à gauche la route qui surplombe la D 23 et débouche dans une prairie. Longer la ferme des Gonons et, par le chemin empierré, atteindre la croix des Gonons (690 m). Descendre au col de Boubon, couper la D 23 et continuer en face par la D 626 jusqu'à la croix de Fût-Froid (673 m).

9 Prendre la route à gauche vers Chaussy sur 100 m (*abri de Fût-Froid*) et poursuivre en face par le chemin de terre qui descend à Nelbert. Entrer dans la forêt, passer la stèle du Capricornus et continuer par la route. Au pylône, s'engager sur le sentier herbeux qui mène à la **source du Carruge** (550 m).

Hors GR® pour la ferme du Carruge : 250 m | 5 mn

Au Carruge :

Le chemin de droite mène à **la ferme du Carruge**.

De la source du Carruge à Ouroux

1 km | 15 mn

A Ouroux :

10 A la **source du Carruge**, descendre vers la statue de la Vierge puis aux Friats. Franchir la Grosne Orientale sur un pont de pierre et gagner l'église d'**Ouroux** (451 m ; *clocher décoré d'une étoile de David et d'un calice en tuiles vernissées*).

11
12
13
14
15
16
GR 76
GR 76 A
Hors GR
GR 7
0
1 km
Carte 2929
© IGN 1998
Ouroux
Monsols
la Carelle
Mont Chetail
Col de Crie
Mont Chanay
la Verrière
les Essards
Mont St-Rigaud
Mont Monet
Col de Champ Juin
Montagne de Charuge
Montagne de Thyeyssonnière
Mont Dijon
Vallon du Sornin
le Pardon
Bois Derus
les Bernillons
Saint-Mammert

D'Ouroux au Gourd du Sanglier 1,5 km 25 mn

11 Traverser la D 18, passer devant la mairie d'**Ouroux**, puis monter par le chemin à gauche, derrière l'école. Bifurquer à droite, longer le mur du parc du château de Gros-Bois et atteindre le **Gourd du Sanglier**.

▶ Possibilité de gagner le château de Gros-Bois à droite (*gîte d'étape*).

Du Gourd du Sanglier au Trou du Loup 500 m 10 mn

12 Au **Gourd du Sanglier**, continuer la montée à flanc dans la forêt vers Champbernard et arriver au **Trou du Loup** (567 m).

▶ Jonction avec le GR® 76 qui arrive en face de Cluny. A gauche, les GR® sont communs jusqu'à la croix de Cuisset.

Du Trou du Loup à la croix de Cuisset 2 km 30 mn

13 Au **Trou du Loup**, ne pas poursuivre vers Champbernard, mais tourner à gauche et monter par le chemin pierreux. Passer la ferme de Bois-Levant, continuer sur 150 m et atteindre la **croix de Cuisset** (645 m).

▶ Séparation du GR® 76 qui continue au Sud vers Tarare.

De la croix de Cuisset au col de Crie 4 km 1 h

Au col de Crie :

14 A la **croix de Cuisset**, couper la route et s'engager à droite sur le chemin herbeux. Poursuivre par le chemin forestier empierré, puis descendre et continuer par la D 23 jusqu'au **col de Crie** (624 m ; *SI du Haut-Beaujolais, produits fermiers, salle hors-sac*).

Hors GR® pour Monsols : 2,5 km 40 mn
A Monsols :
Suivre le circuit communal de Monsols n° 2 à droite.

Du col de Crie au pied du mont Saint-Rigaud 6 km 2 h

15 De la maison du **Col de Crie**, couper la route forestière qui se dirige vers le mont Saint-Rigaud et passer sur le terre-plein qui surplombe la D 23. S'engager sur le sentier qui entre à droite dans la forêt. Déboucher sur une route près de La Verrière, continuer dans l'axe et, par une sente herbeuse, rejoindre la croix des Oncins (700 m).

16 Prendre la route à gauche sur 400 m, puis le chemin à droite. Il contourne le bois de la Verrière par le Nord. Franchir le ruisseau d'Aroy, continuer sur 1 km, puis grimper à gauche par le sentier. Il arrive sur une route, au **pied du mont Saint-Rigaud** (900 m).

▶ Jonction avec le GR® 7 qui vient à droite de Matour (*voir pages 102 et 103*).

LES SENTIERS DE GRANDE RANDONNÉE®
DANS LA RÉGION

GR® Sentiers de Grande randonnée

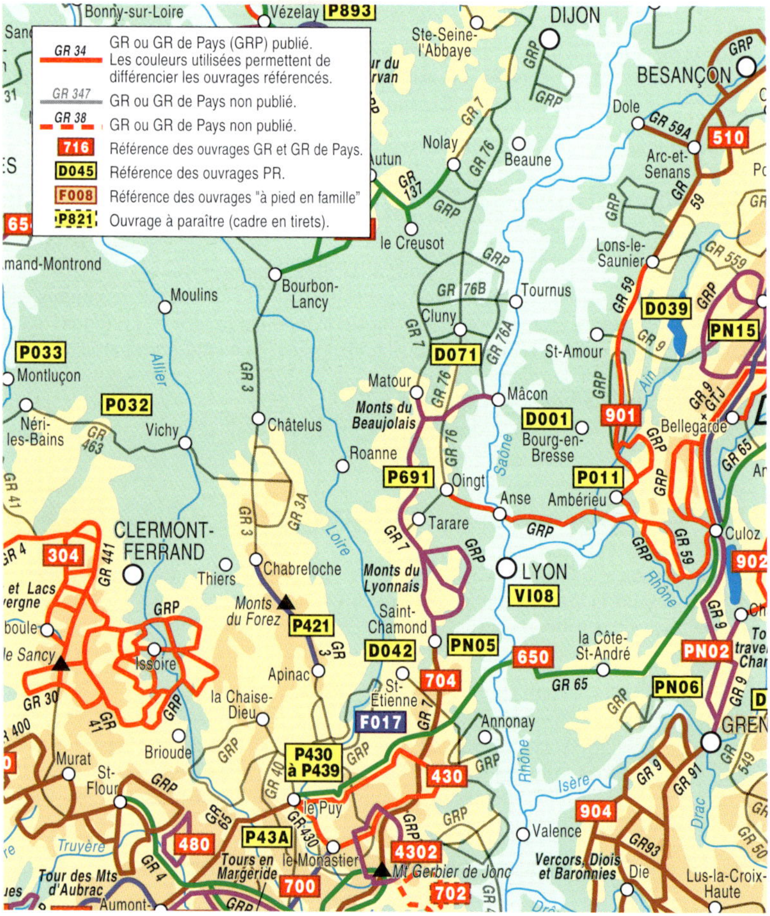

BIBLIOGRAPHIE

Connaissance de la région

- Guide Gallimard : *Lyon – Rhône*.
- *Lyon et Le Rhône*, réalisation COMCO
- *Lyon,* ouvrage en allemand – français – espagnol ou anglais – français – italien.
- *Le fabuleux Beaujolais : Itinéraires de découvertes*, de René Gast et Hervé Hugues – édition Ouest France.
- *Lyon et ses environs : Itinéraires de découvertes*, de Chaplain – Bayard - édition Ouest France.
- *Rhône, département vu du ciel* – Yann Arthus-Bertrand – Bibliothèque des Arts.
- *Beauté de Lyon et du Beaujolais*, de Félix Benoit – Minervois.
- *Le guide départemental du Rhône*, Edition du Parc Horvath.
- *Le Rhône en découverte - guide du tourisme et des loisirs* – éditeur : groupe Progres SA.
- Micolet H. Maréchal R., *Le Forez pays livresque,* Aspect 1991.
- Rimbert P., *Les oiseaux de la Loire*, LPO-Loire 1999.
- *Atlas des paysages de la Loire*, Conseil Général de la Loire 2001.
- Plessy B., *Loire, terre de beauté*, Gyss 2002.
- Blanchard G., Nochez H., *La Loire forézienne : des hommes, des bateaux, du charbon*, Loire et terroirs 2002.
- Tibi J. Maréchal R., *La Loire et ses pays : Roannais, Montbrisonnais, Stéphanois*, Borée.
- Bolomier E., *La chapellerie à Chazelles-sur-Lyon*, ATI musée du chapeau.
- Kocher T. & J., *Le chemin des moulins oubliés, les moulins du val de Coise et de la Toranche*, Mémoire fortuitement.
- *Encyclopédie Bonneton : Loire en Rhône-Alpes*, Bonneton.

Cartographie

- Cartes IGN au 1 : 25 000 : 2829 E, 2830 E, 2831 E, 2832 E, 2928 O et ET, 2929 ET, 2930 O et ET, 2931 O, 2931 ET, 2932 ET, 2933 O et ET.
- Cartes IGN au 1 : 100 000 : n° 43, 44, 50 et 51.
- Cartes Michelin au 1 : 200 000 : n° 243, 244 et 523.

REALISATION

La création des itinéraires a été assurée par les bénévoles des Comités départementaux de la randonnée pédestre de Saône-et-Loire, Loire et Rhône.

Le balisage et l'entretien des itinéraires sont assurés par les bénévoles des Comités départementaux de la randonnée pédestre de Saône-et-Loire, Loire et Rhône.

La description des itinéraires a été assurée par : Marinette Maillavin, Dominique Roche, Jean-Claude Royer, du Comité départemental de la randonnée pédestre de la Loire, Gérard Ayel, Louis Archambault, Jacques Lardy, Roland Mercier, Maurice Ollier, Robert Saliès, Christian Pouchoux. du Comité départemental de la randonnée pédestre du Rhône.

Les textes thématiques ont été rédigés par : Marinette Maillavin, Dominique Roche (CDRP de la Loire) Gérard Ayel, Jacques Lardy, Roger Chevalier (CDRP du Rhône), Cécile Guyot (Simoly), Christiane Morel (Comité Régional de la Propriété Forestière Rhône-Alpes), et Françoise Revellin du pays Beaujolais.

La coordination de l'édition a été assurée par Jacques Lardy (CDRP69) et Dominique Roche (CDRP42).

Les infos pratiques ont été rédigées par la Fédération française de la randonnée pédestre, avec la collaboration d'Anne-Marie Minvielle.

Les photographies sont de : Bruno Pambour (B.P.), Comité départemental de la randonnée pédestre du Rhône (CDRP69), Christiane Morel / Comité Régional de la Propriété Forestière Rhône-Alpes (C.M./CRPF), Jean-Claude Couchoud (J.C.C.), Philippe Fournier (P.F.), Éliane Philibert(E.P.), Fédéric Béal / Comité départemental de la randonnée pédestre de la Loire (F.B./CDRP42), Office du Tourisme du Pays de Charlieu (OTPC), Jean-Bernard Desroche (J.-B.D.), M. Laurent (M.L./CDRP69), Fabrice Cahez (F.C.), Nicolas Vincent (N.V.), Robert Lotissier (R.L./CDRP42), Marinette Maillavin (M.M./CDRP42), L. Godé/PNR Lorraine (F.G.), Alain (A.), Office du Tourisme de Saint-Galmier (OTSG), Jacques Lardy (J.L./CDRP).

Les illustrations sont de Pascal Robin (P.R.) et Nathalie Locoste (N.L.).

Montage du projet, direction des collections et des éditions : Dominique Gengembre. Assistant développement : Patrice Souc. Production éditoriale : Isabelle Lethiec. Secrétariat d'édition : Philippe Lambert, Marie Fourmaux. Cartographie : Olivier Cariot, Frédéric Luc. Mise en page et suivi de la fabrication : Jérôme Bazin, Caroline Le Guen, Céline Lépine.

Création maquette : Florelle Bouteilley, Isabelle Bardini – Marie Villarem, Fédération française de la randonnée pédestre. Design couverture : Sarbacane Design.

Les pictogrammes et l'illustration du balisage ont été réalisés par Christophe Deconinck, exceptés les pictogrammes de jumelles, gourde et lampe de poche qui sont de Nathalie Locoste.

Cette opération a été réalisée dans le cadre d'un partenariat entre les Comités Départementaux de la Randonnée Pédestre de la Loire et du Rhône et la Fédération Française de la Randonnée Pédestre.

FFRandonnée
TopoGuides
RANDOCITADINES
MONUMENTS • CURIOSITÉS • JARDINS • PARCOURS NOCTURNES
A PIED EN FAMILLE
DÉCOUVERTE DE LA NATURE • OBSERVATION DE LA FAUNE
GR
Grande Randonnée
GR 5
PR
Promenade & Randonnée
La Picardie
... à pied
50 Promenades et Randonnées
FFRandonnée
www.ffrandonnee.fr
Tout le catalogue en ligne
www.ffrandonnee.fr
Un choix de titres pour tous et dans toute la France.
Un catalogue très riche : 4 collections et 270 titres.
Des randonnées itinérantes et des promenades en famille.
Des nouveautés et des mises à jour tous les ans.
TopoGuides®
La meilleure façon de marcher

INDEX DES NOMS DE LIEUX

B
Brullioles 119

C
Cenves 151
Charlieu 29
Claveisolles 35
Coise 79, 139
Cublize 43, 111

F
Fontanès 87

G
Grandris 41

L
L'Arbresle 131, 147
Lamure-sur-Azergues 37
Le Perréon 39
Les Sauvages 47, 113
Letra 45

M
Machézal 49, 115
Mars 27
Montromant 71
Montrottier 65, 117, 145

O
Ouroux 151

P
Panissières 63
Pomeys 139
Poule-les-Echarmeaux 23, 105

S
Saint-André-la-Côte 121, 135
Sain-Bel 131, 147
Saint-Bonnet-des-Bruyères 101
Saint-Bonnet-le-Troncy 31, 107
Saint-Chamond 125, 129
Saint-Christo-en-Jarez 85, 125
Saint-Cyr-de-Valorges 53
Sainte-Agathe-en-Donzy 61
Sainte-Catherine 123, 137
Sainte-Foy-l'Argentière 143
Saint-Forgeux 57
Saint-Galmier 81
Saint-Héand 89
Saint-Marcel-l'Eclairé 55
Saint-Martin-en-Haut 77, 121, 135
Saint-Martin-Lestra 67
Saint-Nizier-d'Azergues 33, 107
Saint-Romain-en-Jarez 83
Saint-Symphorien-sur-Coise 139
Savigny 147
Sorbiers 91, 129

T
Tarare 51

V
Vaugneray 73
Villechenève 117
Violay 59, 115
Virigneux .69

Y
Yzeron 75, 121, 133

Avertissement : les renseignements fournis dans ce topo-guide sont exacts au moment de lédition. Toutefois, certaines transformations du paysage engendrées par l'urbanisation, la création de nouvelles routes ou lignes ferroviaires, l'exploitation forestière ou agricole, etc., peuvent modifier le tracé des itinéraires. Le balisage sur le terrain devient alors l'élément prioritaire du repérage, avant la carte et le descriptif. N'hésitez pas à nous signaler les changements. Les modifications seront intégrées lors de la réédition.